U0362548

师范专业认证

教师教育创新

与

戴立益　主编

王玉琼　副主编

华东师范大学出版社

前　言

　　百年大计,教育为本;教育大计,教师为本。加快教育现代化是建设教育强国的关键所在,加强教师队伍建设则是教育现代化的关键所在。从习近平总书记在全国教育大会提出"坚持把教师队伍建设作为基础工作",到党中央和国家颁布实施《关于全面深化新时代教师队伍建设改革的意见》《教师教育振兴行动计划(2018—2022 年)》以及《中国教育现代化2035》等一揽子重大政策,教师队伍建设在整个教育事业中的战略定位、战略重点及战略任务得以进一步明确,教师教育扮演教育事业工作母机这一重要角色的精神实质、内容阐释与路径实施得以进一步丰富,这给承担师范生培养任务的学校赋予了更新的时代命题、提出了更高的人才要求和给予了更重的使命当担。因此,大力推进新时代的教师教育创新工作显得尤为迫切。师范类专业认证作为国家级认证标准,已成为推进教师教育创新的重要方面并在实践中铺展开来,但如何真正充分地发挥出师范类专业认证在建立基于产出的持续改进质量保障机制和高质量文化体系,提高专业人才培养能力和培养质量等方面的显著作用是非常值得深入研究与系统探讨的。

　　基于此,本书尝试在吸纳和借鉴国内外教师教育发展的理论成果和实践经验的基础上,通过对中国特色的教师教育体系与教学评估体系的深刻思考,多角度揭示和呈现我国教师教育创新之路的历史背景、具体内容和策略选择,还从理论和实践两个层面全面分析了师范类专业认证制度的理论内涵和实践创新,努力描绘我国教师教育改革的新思维、新方法、新作为。

本书力求为读者呈现具备以下三方面特点的内容体系:

1. 视角新。聚焦教师培养的职前职后一体化制度、公费师范生制度、院校教学评估制度、教师资格制度、师范类专业认证这五个重要主题,勾勒出我国教师教育体系的发展逻辑与历史脉络,提炼出教师教育创新目前的核心任务,即以师范类专业为主要抓手,进一步推动师范院校和综合性院校师范专业的规范化高水平发展,让研究视角最大程度地与理论框架深入融合、与实践关切充分结合。

2. 内容新。在已有研究成果的基础上,将教师教育创新维度的笔墨用在"演变"二字上,力透纸背地解析"为何演变"、"演变内容"、"与师范类专业认证的关系"等主要问题,具体来说表现在以下几点:一是从封闭性的师范教育体系到开放性的教师教育体系的演变,核心要义是办学思维与教师发展思维的转换,体现的是教师教育发展的内在规律性;二是从免费师范生制度到公费师范生制度的演变,内在诉求是强化政策伦理的公平性与构建"专业教育+师范教育+智能教育"的"新师范"培养体系,彰显的要义是国家意志随时代之变而变;三是从院校评估到师范类专业认证的演变,多维阐释师范类专业认证是专业内涵建设的重要路径,探讨了教学质量保障手段从整体考察到局部深入与整体考察有机结合的发展规律;四是梳理国内外教师资格制度的演变过程,详尽论证师范类专业认证是教师资格的制度创新,清楚地揭示师范类专业认证与教师资格之间的互动性与联动性;五是通过全面的师范类专业认证的理论分析,为师范类专业认证的制度设计、标准的制定依据与内涵解读精准画像,折射出以学生为中心、以产出为导向、持续改进的认证理念。

3. 实践新。坚持理论性的同时,更加着重实践性。从学校、专业、教师三个层面,对高校如何做好师范类专业认证自评自建工作给出了详实的回应:基于认证思维开展新一轮教师教育改革,基于产出导向改革培养方案,以学生为中心改革课程教学。这并不是普通意义上的师范类专业认证工作的操作指南,而是通过深度挖掘师范类专业认证的内在价值,以案例研究作支撑,为即将参评学校能够结合自身的校情、教情、学情,全力做好师范类专业认证工作提供可资借鉴的思路与可供多元选择的策略。期待本书可以起到"他山之石"的参考之用。

本书的完成必须感谢教师教育改革领域、教育教学评价领域的专家学者们,他们珍贵的研究成果被直接或间接地引用到本书中,这在很大程度上决定了本书的学术性与发展性。有关学校在教育创新道路上的积极作为,为本书提供了丰富的案例素材,增强了其可读性与指导性,在此深表感谢。本书或有瑕疵之处,敬请国内外同行批评指正。

目　录

第一章

从"师范教育"到"教师教育"

从西方发达国家教师培养的发展历程来看,"师范教育"向"教师教育"的过渡,是与专门教师培养机构(不同层级的师范学校)的式微和普通高等教育机构逐渐承接起教师培养(尤其是专门训练)的任务相同步的。因而,从西方教师培养发展史来看,"师范教育"到"教师教育"的跨越,是一个共同的趋势。换言之,"师范教育"最终退出历史舞台,"教师教育"则成为教师培养的代名词。在我国,随着教师教育在内涵上和外延上对"师范教育"的含括,"师范教育"被"教师教育"替代已经成为一个必然趋势,"师范教育"将退缩到"师范院校(专业)教育",最终成为"教师教育"体系的职前部分(确切地说是主要组成部分)。由此,中国特色教师教育将成为包含"中国特色师范教育"(或者更为确切地说是由师范院校和综合院校的师范专业共同承担的职前教育)和科学、有序的在职教育体系组成的完整体系。而进一步推动师范院校和综合性院校师范专业的高水平和规范化发展,则成为中国特色教师教育体系建设的核心任务。

一、"师范教育"与"教师教育"

"师范教育"与"教师教育"的混用,在学术领域和实践领域似乎是一种常态,甚至在政策、制度建设层面同样存在这一问题。而这一问题的存在,往往引发多方面的问题,因此,明确二者的内涵、厘清二者异同及其关系、明晰二者的适用范围,显得尤为重要。

(一) 从"师范教育"到"教师教育"的历史梳理

"师范"一词来源于中国,而"师范教育"一词则来自日本。在整个 20 世纪的教育研究和政策中,"师范教育"指代了所有与教师培养甚至是培训在内的相关文本、活动。实际上,从欧美各国的教师培养历程可以发现,整个教师培养体系的沿革,主要分为两大阶段:立足专属性学校——师范院校的教师培养阶段和侧重制度机制的教师选拔与培养阶段。前者立足基础教育学生的选拔,侧重"未来教师"的培养;后者注重对高校毕业生的选拔,侧重"现实教师"的选拔、培养与终身发展。因而,可以借师范教育和教师教育对其进行阶段性界定。

1. 师范教育的形成与发展

世界上最早的教师培养专门机构源于法国,而制度化的教师培养则起源于德国。1681 年,法国天主教神甫拉萨尔(LaSalle,1651—1719)在东北部城市兰斯(Reims)创立教师训练学校——这是世界上第一所教师培养机构。由此,开创学校培养教师的先河。同一时期的德国,也建立了类似的教师培养机构以及相应的制度体系。19 世纪以后,英、美等国也陆续颁布教师培养的法规与制度,从机构设置、培养模式、教师招录与评价(资格证书)、工资待遇等方面逐渐完善,与此同时,也构建起分级分类的师范学校系统。至 20 世纪第一次世界大战之前,许多国家师范教育有以下共同特点:设置独立的教师培养学校、规定严格的入学资格(招录制度)、重视教师资格的考核和检定、实行较高的教师地位和报酬等。[①] 从"一战"师范教育机构的升格运动开始,师范学院纷纷成立并取代师范学校,教师培养层

---

① 张燕镜. 师范教育学[M]. 福州:福建教育出版社,2013:30.

次也上升到高等教育层面,教师的水平也实现了整体提升,有效地适应了基础教育的改革与发展。在第二次世界大战之后,师范教育机构又出现了转型的趋势,具体表现为从师范学院向综合性大学的转型。①而英国的变革则相对较晚,19世纪末至20世纪初,在早期的教师日间师资训练学院的基础上,通过课程改革等途径,不断完善(和升级)教师培养层次体系。在此背景下,日间教师训练学院逐渐向高校的教师培训部转型,而这种指向教师资格证书考试的教学机构设置,实际上已经跳出了师范教育的限制。②而对我国师范教育发展影响至深的日本,则于明治维新时期模仿欧美创立师范教育体系。其师范学校主要分为官立师范学校和府县师范学校两种:文部省要求每一个大学区都必须设立一所师范学校、所有府县都必须设立师范学校。1881年8月,日本颁布的《师范学校教则大纲》,对师范教育的设置、培养目标、课程科目等作了规定。③ 1886年,《师范学校令》颁布,东京师范学校升格为高等师范学校,培养普通师范学校校长、教师和中学校教师,各府县设置寻常(普通)师范学校,培养公立小学校长和教师,确立了两级师范学校的体制。1890年,《师范教育令》颁布,附设在师范学校的女子部独立成为女子师范学校。形成男女各具独立体系的两级师范学校体制,扩大了女子受师范教育的机会。1943年《修改师范教育令》将地方府县设置的师范学校升格为国家官立师范学校,招收中学毕业生,修业3年,使之由原来的中等水平上升为专科水平。④我国师范教育创立于1897年,为盛宣怀创立的南洋公学师范院。后来,京师大学堂(1902年设立)内设立了师范馆,专门培养中学教师。其后在张之洞等人的推动和主导下,我国师范教育向日本学习,建立了封闭式师范教育模式。20世纪20年

---

① 单中惠,等.西方师范教育机构转型 以美国、英国、日本为例[M].济南:山东教育出版社,2012:15.
② 单中惠,等.西方师范教育机构转型 以美国、英国、日本为例[M].济南:山东教育出版社,2012:15.
③ (日)安冈昭男,(法)格雷戈里.日本人史·法兰克人史[M].晓林,寿纪瑜,戚国淦,译.西宁:青海人民出版社,2003:141.
④ 顾明远.教育大辞典(第2卷)[M].上海:上海教育出版社,1990(1):121.

代,模仿美国对既有的师范教育体系进行了调整。新中国成立以后,向苏联学习,建立了完善的师范教育的苏联模式。① 这一模式一直延续到改革开放前。21 世纪初以来,我国引入"教师教育"思想,尝试探索建立中国特色的教师教育体系。

2. 教师教育的形成与发展

毋庸置疑,教师培养的转变,最终必然归结到教师的发展这一核心议题上,无论从教育经济学角度还是从教育管理学角度,教师的培养最终都必须考虑其收益以及对整个教育发展的适应性。因而,基于制度的理解,教师教育无疑侧重对"现实的教师"的选拔和培养。而师范教育无疑更为注重职前教育,因而无论职前教育的发展层次如何,其所涉及的在职培训(即便是有,其缺乏系统性的弊端也难以克服)往往是一种补丁式的和被动式的。正由于此,师范教育逐渐在基础教育的压力下,衍生出在职培训。而随着在职培训的要求逐渐提高,在职培训逐渐呈现出由少到多、由偶然到常态、由碎片化到系统化的特点,并不断发展和完善。这一背景下,"Normal School"(师范学校)也逐渐变为"Teacher Education"(教师教育),教师培育的重心也逐渐后移。与此同时,西方发达国家的师范院校也逐渐消亡,教师的职前教育也逐渐由综合性大学"接盘",文凭与资格证书制度并举,并凸显"项目"式色彩。

"师范教育"在发达国家的有关文献和研究资料中已经绝迹,许多人现在已经不理解"师范"(normal)有"教师教育"的含义了。现在,现代化程度较高的国家和地区也都把教师培养称之为教师教育。20 世纪 30 年代后,发达国家的"师范教育"概念逐渐为"教师教育"所取代并成为世界通用的概念。② 从西方"教师教育"一词的产生和发展,尤其是其教师教育制度的产生和发展来看,真正意义上的教师教育是一种生成的结果,并不反对师范教育这一职前教育体系的存在,也并不

---

① 顾明远.师范教育的传统与变迁[J].教师教育研究,2003(3):1-6.
② 黄葳.教师教育体制:国际比较研究[M].广州:广东高等教育出版社,2003:8.

是师范教育的对立面,或者说有天生的排斥师范教育的特征。它具备以下三个特征:以制度和机制建设,立足教师的选拔和培养,而实质上是二次选拔,即从大学毕业生(性格上和知识体系上成熟的青年)中选拔;注重教师长期的、专业的发展,而不仅仅是职前教育阶段及相应的培训;注重多样化的教师来源,而非专门依赖师范类院校以及专业。而(对我国教师教育影响至深的)日本显然也顺应了这一趋势,在 20 世纪 80 年代开始的第三次教育改革中,教师在职培训成为工作重心,教师教育逐渐走上前台。20 世纪末我国学界开始关注并阐述日本的"教师教育"理念和改革,并认为中国应该积极改革:加强在职培训,实现职前培养与在职培训的有机对接,并进而使其"一体化"。与其对应的是,入职教育项目(如英国的新教师入职培训[①])、在职发展项目也全面走向体系化和结构化。

3. 教师教育的"舶来"

"师范教育"是清末向日本学习而产生的新事物,时隔近一个世纪之后,"教师教育"这一概念再次借鉴学习日本的一些经验。其中不仅有废止师范机构之意,同样包含"一体化"的思想。而这一思想对中国的影响是极为深刻的。毋庸置疑,清晰的"教师教育"理念,明确的教师教育范式,乃至"一体化"理念,都受到世界各国教育发展的启发,尤其是日本。早在 1987 年,赵惠康就翻译了日本学者上野辰美的《教师教育和教育技术——日本兵库教育大学学校教育研究中心的实情报告》并刊发在《电化教育研究》上,专门介绍了日本兵库教育大学的"教师教育"课程。[②] 其后,金世柏翻译了日本学者铃木慎一于 1990 年 4 月 27 日在东北师范大学所作的《教师教育改革的国际动向——着重谈谈新教师的进修问题》的报告,并

---

① Teaching Regulation Agency. Induction for newly qualified teachers (England)[EB/OL]. https://assets. publishing. service. gov. uk/government/uploads/system/uploads/attachment_data/file/696428/Statutory_Induction_Guidance_2018. pdf.

② 上野辰美. 教师教育和教育技术——日本兵库教育大学学校教育研究中心的实情报告[J]. 赵惠康,译. 电化教育研究,1987(01):72-76.

刊发在《外国教育研究》(1991)上。铃木在文中指出,"二战"之后,日本已经不大使用"师范教育"一词,而代之以"教师教育"①。1995 年,梁忠义发表《日本教师教育改革与动向》,再次介绍日本的教师教育②,文中明确提出了"一体化"思想。而第二届中日教师教育研究国际研讨会中,中日学者则对"师范教育"和"教师教育"做了比较,进一步深化了一体化理念。其后一段时间内,陆续有金美福的《日本教师教育的实态分析》(1999)③、《日本教师教育制度的形成与体系》(1999)④、《对日本现行教师教育制度的批判与超越——日本教师教育理论新成果》(1999)⑤以及李天鹰的《日本教师教育发展的新对策》(1999)⑥对日本教师教育进行了多篇幅的介绍和解析。这一阶段,当然也有来自美国、德国的教师教育介绍,如罗正华在《美国教师教育的发展趋势》(1994)一文,题为"教师教育",在叙述上则采用了"师范教育"一词⑦。而同年饶从满、满晶发表的《德国教师教育的演进》则明确用到了"教师教育"一词⑧。但上述文献并未从理念层面对"教师教育"进行系统探析,也并未对师范教育和教师教育之间的关系进行全面挖掘。纵览"教师教育"的传入过程与解读过程,1994 年召开的"第二届中日教师教育研究国际研讨会",无疑占有十分重要的地位:一体化思想在会议中得到凸显,"教师教育"的思想和设计也传入中国⑨。实际上,无论是日本学者主动交流学术成果,还是我国留日学者的引

---

① 铃木慎一. 教师教育改革的国际动向——着重谈谈新教师的进修问题[J]. 金世柏,译. 外国教育研究,1991(03):35-41.

② 梁忠义. 日本教师教育改革与动向[J]. 外国教育研究,1995(05):1-6.

③ 金美福. 日本教师教育的实态分析[J]. 东疆学刊,1999(04):63-68.

④ 金美福. 日本教师教育制度的形成与体系[J]. 东疆学刊,1999(03):10-18.

⑤ 金美福. 对日本现行教师教育制度的批判与超越——日本教师教育理论新成果[J]. 东疆学刊,1999(02):16-20.

⑥ 李天鹰. 日本教师教育发展的新对策[J]. 中小学教师培训,1999(C4):58-59.

⑦ 罗正华. 美国教师教育的发展趋势[J]. 外国教育研究,1994(05):39-45.

⑧ 饶从满,满晶. 德国教师教育的演进[J]. 外国教育研究,1994(05):50-56.

⑨ 第二届中日教师教育研究国际研讨会综述[J]. 高等师范教育研究,1994(03):39-42.

介,以"教师教育"取代"师范教育"的观点在 20 世纪末已经为学术界和教育界所接受。[①] 2001 年 5 月,《国务院关于基础教育改革与发展的决定》中,首次明确提出"教师教育"的概念,将长期分离的教师职前培养与职后培训统一起来。但作为"舶来之物"的"教师教育",无疑与其"原真"有出入:将师范教育或者职前教育置于教师教育的对立面,对我国师范教育多层次、多样化的现实需求认识不深,甚至企图以"标"的改变来快速实现教师教育的"本"的变化;将"一体化"作为核心理念,企图实现职前教育与教师在职发展的一体化,但对一体化却无法提出有效应对措施,而这种"一体化"自身在逻辑上还需进一步厘清。

(二)"师范教育"与"教师教育"的内涵辨析

从使用习惯来看,无论是政策、制度层面,还是实践层面,都不同程度地存在着将"师范教育"和"教师教育"进行鲜明划界的倾向。一种倾向是从培养模式角度将"师范教育"与"教师教育"分别界定为"师范院校(专业)"专门培养和"非师范院校"培养;一种倾向是认为前者为职前教育,后者为在职教育或者职后培养。显然,概念的混淆已经成为"常态"——当然,类似的问题不胜枚举。究其原因,根本在于对"师范"、"师范教育"、"教师教育"三者的内涵与外延的模糊认识。因此,从正本清源的角度考量,有必要对三者进行一个系统的诠释。而在实践层面,则导致了两个方面的问题:开展教师教育,要实现对西方的"形似"——取消师范院校和师范专业(由此导致粗浅的认知,重温开放与封闭的旧片,实际上是蹩脚的模仿);制度设计不系统,教师教育无法在实质上真正取代师范教育。

教育部教师工作司负责人 2018 年 11 月 24 日在"第十五届全国师范大学联席会"和"中国教育学会教师培训者联盟"2018 年会上公开的数据显示:2017 年,全

---

① 顾明远. 师范教育的传统与变迁[J]. 教师教育研究,2003,15(3):1-6.

国共有师范生培养高校 589 所,其中,师范院校 192 所,包括:师范大学 46 所,师范学院 73 所,师范高等专科学校 73 所;培养师范生的非师范院校 397 所,包括:综合大学 61 所、综合学院 166 所、独立学院 21 所、高等职业院校 141 所、省市教育学院 8 所。关于师范院校和师范生的培养规模的最新数据为:2017 年,师范院校比 2012 年增加 38 所,在校师范生规模增加 29.3 万人。目前,全国在校师范生共225.9 万人,师范院校和非师范院校在校师范生分别为 119.4 万人、106.5 万人,培养规模接近 1∶1。师范院校与非师范院校共同举办师范教育的开放体系基本形成,师范院校校均师范生超过非师范院校。① 这是我国现阶段教师教育体系概貌的描述。

1. 师范教育与师范院校(专业)

《中共中央 国务院关于全面深化新时代教师队伍建设改革的意见》明确指出:"加大对师范院校支持力度。实施教师教育振兴行动计划,建立以师范院校为主体、高水平非师范院校参与的中国特色师范教育体系。"②师范教育和师范院校(专业)是什么关系? 梁启超在《论师范》一文中提出的"故师范学校立,而群学之基悉定","故欲革旧习,兴智学,必以立师范学堂为第一义"一语,第一次将"师范学堂"与教师教育培养机构等同,因而可能是近代以来习惯用语中以"师范院校"指代"师范教育"的肇始。由此导致的一个问题是,无论是政策制定者还是教育研究者乃至社会公众,都习惯将师范教育机构与师范教育等同,往往存在二者混淆的问题。在英语中,"师范"一词为"Normal",是由法文"Normale"演变而来,源于拉丁文"Norma",原意为木工的"矩规"、"标尺"、"模型",引申为"规范"。随着专门培训教师的学校的出现,"师范"一词同教师的称谓及其职业特点联系在一起。以美

---

① 参见 http://www.gzcankao.com/news/wx/detail? newsi=299387&time=1543150461620.
② 中共中央 国务院关于全面深化新时代教师队伍建设改革的意见[EB/OL]. http://www.gov.cn/zhengce/2018 - 01/31/content_5262659.htm.

国为例,1823 年,霍尔(Hall)在佛蒙特州的康考特市建立了第一所私立师范学校(Normal School),实际上等同于中国的中等师范学校,主要为小学毕业生提供教学技能培训——由此开启了美国师范教育先河。当然,也有说法与此不同。有观点认为,师范教育是 19 世纪末的舶来品。"师范教育"一词是由英文"Teacher Education"翻译来的,"Teacher Education"意为教师的教育。但实际上,重点仍然在前者,在实践中教师培训也未真正与师范教育等同。综合相关研究可以发现,师范教育内涵讨论的主要分歧在于:师范教育是否包含在职培训(当然,未涉及教师培训的具体概念和体系)。研究者都同意基于师范院校(或者相关院校的师范专业)的职前教育仍然是师范教育的核心。关于师范教育的界定主要有四种代表性观点。观点一:师范教育是指"培养师资的专业教育。包括职前培养、初任考核试用和在职培训"[①]。这种观点较为常见,与所谓的"大师范"观类似。今天的师范教育,若按阶段划分,包括职前、在职两阶段。按模式分,有定向、非定向两种模式。其中定向师范教育,专指以专门教育机构、专门的课程、专门的模式培养教师,而非定向师范教育则是以非师范院校(综合性大学)开展教师培养,此之谓"大师范"[②]。"大师范"观主张,师范教育要为包括高等学校在内的所有教育机构培养和培训师资;在办学模式上,"大师范"观主张,不仅专门的师范教育机构要培养和培训师资,非师范教育机构也要培养和培训相应的师资;在管理体制上,"大师范"观主张,对师范教育要统一归口管理;在教育阶段上,"大师范"观主张,师范教育应包括职前培养和在职培训两个阶段;在教育类型上,"大师范"观主张,师范教育应包括普通师范教育和职业师范教育两大类;在质量上,"大师范"观主张,要把师范教育置于优先发展、重中之重的地位。总之,"大师范"观主张,师范教育应是立

---

① 顾明远.教育大辞典(第 2 卷)[M].上海:上海教育出版社,1990:3.
② 宋嗣廉,韩力学.中国师范教育通览(中卷)[M].沈阳:东北师范大学出版社,1998(1):2.

体的、多功能的、开放的、广义的、高质量的师范教育。① 观点二，师范教育"指的是为人们在初、中等学校任职做准备的体制、机构和过程"，即师范教育主要集中在教师担任教职前所接受的正规学校教育。因此，在人们的传统观念中，师范教育通常同培养师资的正规学校教育联系在一起。② 观点三，师范教育是指为各级各类教育机构培养和培训师资的机构、体制和过程，它是一种专业教育③。观点四，师范教育不必拔高，其实质是师资培训，可以包括下述三个阶段：就职前培训、就职培训和在职培训，是一脉相连的三个组成部分。④ 与"教师教育"（Teacher Education）是同义词⑤。

那么，师范教育到底是什么？ 存不存在承担在职培训的任务，如果有，开展程度如何？《关于第一次全国师范教育会议的报告》指出：师范教育要多样化开展"短期师资"训练……"选择优秀的在职教师加以训练，逐渐提升"、"对现任教师要加强在职学习，提高质量"⑥。但在 1952 年颁布的《关于高等师范学校的规定（草案）》只提到"高等师范学校得附设夜校及训练"、设立"函授部"等⑦，而同年颁布的《师范学校暂行规程（草案）》⑧则未提到教师培训的问题。由此可见，在职教育即便由师范院校承担，也不是系统的和所谓一体的，在最大程度上也只能是师范院

① 宋嗣廉，韩力学.中国师范教育通览（中卷）[M].沈阳：东北师范大学出版社，1998(1)：3.
② 刘捷，谢维和.栅栏内外：中国高等师范教育百年省思[M].北京：北京师范大学出版社，2002：43.
③ 中国大百科全书出版社编辑部.中国大百科全书　教育[M].北京：中国大百科全书出版社，1985：319.
④ TORSTEN HUSEN T. NEVILLE POSTLETHWAITE[M]//国际教育百科全书（第九卷 T—Z）.贵阳：贵州教育出版社，1990：16.
⑤ 刘捷，谢维和.栅栏内外：中国高等师范教育百年省思[M].北京：北京师范大学出版社，2002：43.
⑥ 中华人民共和国教育部办公厅.关于第一次全国师范教育会议的报告　教育文献法令汇编（1949—1952）[Z].北京：高等教育部办公厅，1958：143-145.
⑦ 中华人民共和国教育部办公厅.关于高等师范学校的规定（草案）教育文献法令汇编（1949—1952）[Z].北京：高等教育部办公厅，1958：145-147.
⑧ 中华人民共和国教育部办公厅.师范学校暂行规程（草案）　教育文献法令汇编（1949—1952）[Z].北京：高等教育部办公厅，1958：147-161.

校业务的延伸——当然,在很大程度上是被赋予的。可见,中国特色的师范教育体系,在一定程度上与师范院校和专业存在重合:专注教师的职前教育,并以定向培养为特征。换言之,师范教育有专门的机构、专门的课程体系、专门的培养方法和专门的标准。一旦进入"教师教育"的语境,"师范教育"必然为师范院校以及师范专业所替代。

2. 欧美教师教育与中国特色教师教育

如前所述,欧美的教师教育具有以下特点:第一,以项目和证书为模式的职前教育。也就是说,没有专门的教师职前教育机构,而是由综合大学以项目的形式完成职前训练,并以证书的形式加以确认。第二,依托严密的制度建设与运行,开展教师选拔与培养。以教师资格制度为核心的制度体系在教师的选拔与培养中占据着重要位置,在此背景之下,教师专业发展成为一个核心议题。第三,完善的在职发展制度和支持体系。西方教师教育体系的核心在于在职教育,为此也设置了结构化的在职教育体系,构建了完善的在职发展的支持体系。其目的在于通过组织的引导、支持、督促,帮助教师个体实现专业的、终身的发展。必须注意的是,西方的教师教育的精神实质是:职前和入职教育不能轻视,在职发展更为重要。换言之,西方教师教育并不排斥职前教育的存在,也并不抵制师范教育这一形态。由此可见,中国特色的教师教育并不必按照西方的模式,即废除专门的教师教育机构——师范院校,而是可以保留自身的特色,倡导多主体参加的职前教育,即建立以师范院校为主体、高水平非师范院校一并参与的中国特色师范教育体系……推动一批有基础的高水平综合大学成立教师教育学院,设立师范专业。[①] 因此,中国特色的教师教育可以概括如下:基于教师专业发展理念而建立的以师范院校以及综合性院校师范专业为主体的职前教育体系和结构化的、科学的在职教育体

---

① 中共中央国务院关于全面深化新时代教师队伍建设改革的意见[EB/OL]. http://www. gov. cn/zhengce/2018 - 01/31/content_5262659. htm.

系,共同组成教师培养体系。

3. 师范教育与教师教育：界定、关联与区别

广义上的师范教育指的是教师的培养,不仅仅包括职前教育阶段,还包括入职教育、在职培训;从形式上看,包括有组织的教师培养活动,以及教师个体的自主发展活动。而狭义的师范教育,或者更为确切地说,是操作层面的师范教育,在某种意义上则是高等院校的师范专业教育,而这种教育的核心在于职前教育。因此,狭义的师范教育实际上就是基于师范专业开展的系统的"未来的教师"培养活动。

教师教育在宽泛意义上就是教师的教育(education of teacher),不仅包含组织层面开展的所有对教师(以及准备成为教师者)的教育活动,还包括教师(以及准备成为教师者)的自我发展活动。而狭义上的教师教育(teacher education)则是指围绕教师的专业发展和终身发展而开展的有组织、有计划的教育活动。从这个意义上来说,教师教育根本指向在于教师的个体发展,基于这一抓手,推动教师队伍整体发展。因此,从其本原意义上,教师教育之下的教师发展则可以分为不同的发展阶段,而不一定需要根据现有的发展实际分为职前、入职和在职。也就是说,自始至终分阶段的发展才是教师教育的本原,而强制地分为职前、入职和在职,提出三阶段的"一体化",则更多地立足现实——由此也会产生歧义。

毋庸置疑,宽泛意义上的师范教育和教师教育,在本质上是一致的:指向教师的培养。而从狭义角度来看,鉴于师范教育在某种意义上与"师范的教育"(基于高校师范专业开展的"未来的教师"的教育)等同,因而姑且可以定义为教师教育的职前教育阶段。从这个角度上来看,二者并不矛盾。但是,要推动从"师范教育"到"教师教育"的转换,最为根本的立足点仍在于思维的转换。师范教育理念,虽然也认同开展入职见习、在职培训,但这一理念的核心在于职前教育,甚至认为所谓的在职发展更多地依靠自我修炼。因此,这一理念背景下的在职培训,往往缺乏系统性。而基于教师教育理念的教师发展活动,注重教师的整个发展和全过

程发展,因而无论哪一个阶段都受到关注,而自始至终教师的发展,也极为注重系统性。而教师教育理念下的职前教育,或者更为确切地说,由高等院校承担的师范教育,则应当从"全面兼顾"回归本位——基于教师专业发展理念,做好职前教育工作,从教师的潜力培养和素养的综合发展方面着眼,面向未来教师的专业发展和终身发展,开展教育教学工作。

二、 由"师范教育"转向"教师教育"

如前所述,一旦进入"教师教育"语境,"师范教育"将逐渐退回到"师范院校"(师范专业)的教育。当然,这一转变背后所蕴含的不仅如此,同时也传递了教师培养思想、制度等方面的变化。

(一) 办学思维的转换

什么样的人才能成为优秀的教师?这是考验各国教师教育管理者的一个难题。这个问题的回答,研究者和管理者往往分为两派:一为立足师范教育的专门培养,一为立足成熟高校毕业生的选拔兼在职培养。各派的观点都有其合理的逻辑,对教师队伍建设都有重要意义。

1. "师范教育"思维:以体系化的职前教育推动教师的教育

坚持从基础教育毕业生中选拔者更强调师范教育的重要性,其主要逻辑在于以下几个方面:第一,教师应该及早培养。自师范教育建立至今,各国重视专业培养、专门机构的教育体系构建,核心在于教师应该尽早培养。换言之,未来的教师应该着眼于未来,从高中毕业生中选拔,进入专门机构培养。实际上,近年来非师范毕业生进入教师队伍也引发了各种比较性评价:师范生总体质量要比非师范生好,尤其在基本素养和潜力上。甚至有研究者认为,加强未来教师选拔,应引起特别重视——变"放羊式"为"订单式"。调整教育系统录用方式,变考录为招聘。既要打破职业终身制,又要确保每个师范毕业生毕业后都能回本地从教。① 毋庸置疑,提前介入和及早培养能够在很多方面为未来的教师奠定专业基础,这也是被实践证明了的。虽然在某种程度上,提前介入无法实现将最优秀的学生吸纳进入教师队伍——实际上这也是一个悖论,在某种意义上甚至只是一种理想的假设;但在高等教育之前的环节进行控制要远比高校毕业生端的掌控要更为有效。第二,完成基础教育的学生比高校毕业生更具有可塑性。相比较而言,完成基础教育的学生要远比高校毕业生的可塑性强,在教育教学素养发展尤其是教师能力建构上,要占据更大的优势。当然,教育理念塑造、教育信念树立尤其是对教师职业的情感培养,要远比高校毕业生容易和深刻。因而,师范教育在培养未来的教师方面,能够从知识、能力、情感信念等方面,占据重要的地位。这也是我国从国家层面到地方层面不断强调师范院校、专业招生的原因,这一点在近年来的各种文件中都有所体现。其中代表性的政策如"免费师范生政策"、"公费师范生政策"以及"乡村教师计划"等,其目的在于"全面提高师范生的综合素养与能力水平,培养未来卓越教师,用优秀的人去培养更优秀的人"②。而师范院校(专业)也应该基于初高中应届毕业生可塑性强这一优点,进行教学方法、模式上的创新,关注教育内容、教育思维、教育方法的现代性转变,构建师范生培养的现代性品格;以未来专业发展为指向配置教育资源和组织课程,包括实践实习、评价体系等方面的改变。第三,系统的教育课程和教育训练,是教师发展的根基。师范院校的主要特点在于专业和专门。以 2011 年颁布的课程标准为例,该课程体系的目标为:教育信念

---

① 刘琴. 何建忠代表建议:师范生试行订单招生免费培养[N]. 中国教育报,2009 - 03 - 09(1).

② 教育部. 教育部等 5 部门联合印发《教师教育振兴行动计划(2018—2022 年)》[EB/OL]. http://www. moe. gov. cn/srcsite/A10/s7034/201803/t20180323_331063. html.

与责任、教育知识与能力、教育实践与体验的发展。该体系的专门性在于不仅注重基础——设置一系列师范教育类专业公共基础课程以及学科专业课程,更重点设置了完整的教师教育课程以及信息技术课程(师范生信息素养和利用信息技术促进教学的能力培育),强调师范生职业基本技能训练,关注职业道德教育(即"范"的塑造)。再以华东师范大学免费师范生培养方案为例,该校在凸显师范生综合素养培育的理念下,高举专业培育目标,即以培养造就优秀教师和教育家的目标,制定师范生培养计划。该校将教师专业发展的目标界定为:具有组织、设计课程的能力;具有以反思、探究为核心的教学研究的能力;具有从事双语教学的能力;具有教育技术整合的能力;把握基础教育改革发展的脉络,熟悉基础教育改革实践的现状。其课程涵盖通识教育、专业教育和教师教育三大板块组成的课程体系。通识教育课程旨在进一步扩大学生的知识面,拓展其多学科综合视野,了解学术进展和学科前沿,培养免费师范生的科学精神与人文素养,提高免费师范生的综合素质和社会适应能力;专业教育课程包括学科基础课程、专业核心课程、专业拓展课程和专业实践课程,旨在夯实师范生学科基础,拓宽专业知识面,使师范生具备适应未来社会需求的可持续发展的专业素养与专业技能。而教师教育课程包括教育与心理基础类课程、教育研究与拓展类课程、教育实践与技能类课程和学科教育类课程,旨在从教师职业的专业知识、技能和专业精神伦理出发,培养师范生掌握先进的教育理念和具备终身发展的能力。

2. "教师教育"思维:教师的"完整"培养

所谓教师的"完整"培养,是指培养体系和模式设计,指向教师的全面发展和终身发展。就职前教育阶段来说,最为关键的就是选拔那些愿意终身从教者,进入到"准备的教师"的行列。坚持从高校毕业生中选拔,更强调职业选择和职业稳定性的重要性,其主要逻辑在于以下几个方面:第一,立足高校毕业生的选拔,有效提升教师队伍的质量。毋庸置疑,欧美等国的新教师来源于高校毕业生,这种选拔的好处在于这是高校毕业生的主动选择,相比较而言,高校毕业生更为成熟,其选择更具有理性色彩,因而对于教师队伍的稳定和教师的未来发展更具有助益。这些主动选择成为教师的高校毕业生,更能够基于职业发展,关注自身的专业发展,进而形成良好的职业发展规划。以英国为例,欲成为教师,都必须选择进入职前培训(采用证书模式)项目,即完成教育证书所代表的入职教师培训(initial teacher training),其中通过评价获取教师资格(Qualified Teacher Status,QTS),再经过见习期考核(Newly Qualified Teacher Status,NQTS),考核合格者才能真正成为教师。严格地看,经过以上环节,能够进入且愿意成为教师者,首先在思想上已经成熟,并已经清醒地认识到教师的职业特征,因而这种选择更有利于教师队伍的稳定。第二,完善制度以实现教师的专业发展。随着教师教育的改革发展,其制度体系日益成熟。教师教育制度体系包括职前教育、入职教育和在职发展三个阶段,每一个阶段都有着完善的制度,且三个阶段的制度相互衔接,成为一体。以教师资格证制度为核心,每一个阶段的制度自成体系。其中,职前培训项目主要立足于未来教师的基本知识体系、教育理念、能力结构等方面的基础培养,因而包括职前课程体系、评价体系、支持体系。值得注意的是,部分国家采取了教师专业发展学校、临床计划等方式帮助教师夯实职前基础,而类似的制度也日臻成熟。从教师入职培训来看,英国的见习期制度也具有特色。围绕教师资格证制度建设,形成了入职资格制度、资格证注册制度以及相应的培训制度、评价制度等。而在职教育制度则是教师教育制度体系的核心部分,其中不仅包括分层分类的结构化培训制度,还包括基于学校建设在内的发展制度、研修制度、评价晋升制度等。以美国为例,通过多年建设,其教师教育体系日臻成熟,并主要形成了以下几方面经验:(1)完善教师教育课程标准,有利于教师综合素质的提升;(2)完善教育实习顶层制度设计,建立国家级教师教育实习基地;(3)健全和完善国家评定标准,把好教师准入关;(4)完善多层级的专业发展模式,促进教师素质持续提升;

（5）坚持质量标准，完善教师资格考试制度。

3."教师教育"背景下的教师职前教育：转换之维

随着"教师教育"走上前台，"师范教育"必然要发生改变，即以教师专业发展为核心理念，从整体和结构化的角度，全面设计职前教育。

第一，培养思维的转变：指向教师的终身发展。在教师教育的理念下，职前教育应该为在职的专业发展服务，因而基础性技能培养和素养培育是教师教育的根本任务。以新加坡国立教育学院为例，该学院承担了新加坡教师的职前教育和在职培训工作，该学院的职前教育项目凸显了"教师专业发展"指向，注重职前教育与在职发展的有机对接。从逻辑顺序上，学院的教师教育项目可以细分为初任教师项目、证书和文凭提升项目、专业发展项目以及基于教学的研究性发展项目。项目遵循教师专业发展的内在逻辑，适应教师学历发展、教师专业经验积累、教师研究能力提升、教师专业反思与智慧生成等方面的综合性需要，贯穿了教师职业发展的全过程。其中，证书和文凭提升项目贯穿始终，适应教师对学历提升的需求。从逻辑上看，职前阶段专业教育文凭项目、学科学士项目、本科生教育学位项目、研究生教育文凭（Postgraduate Diploma in Education，PGDE）等具有"资质性"色彩，在职项目阶段证书如教育理论支持证书、学科教育证书、教育心理学文凭、小学学科教育高级文凭、高级教学文凭等则具有明显的"发展性"色彩，更为关注教师在职阶段的发展需求，侧重提升基于实践的经验提炼和教学反思能力，指向教师专业水平的提升。可见，我国当前职前教育要做的改革，必须基于教师专业发展进行设计并加以推进。

第二，培养管理模式的转变。指向教师专业发展的教师教育，必须凸显结构化发展和阶段性发展的要求，注重教学实践浸润。以新加坡为例，新加坡国立教育学院极为重视基于结构化课程项目的教师专业发展，项目采取了理论学习、实践反思、经验交流等方式，旨在通过课程项目实现经验的丰富与提炼、理论体系和方法体系的更新,使教师的能力和素养的发展与教育创新同步,更好地应对教育外部环境的革新和内部教学对象、教学要求的变化。其中,常态化教育硕士课程项目共有17类,不仅涵盖了中小学的所有学科,还包括教育研究与管理序列,其中学科教学课程项目聚焦教师课程设计实施与评价理论水平的提升、教学观念的改进和教学视野的拓展、课程领导力的培养等方面。此外,学院还提供了一系列卓越教师专业发展课程,如:真实性评价的理论与实践、教学设计导论、数学校本课程开发、利用儿童文学促进小学低年级数学学习、教学情景剧的理论与实践等,课程滚动推出且不断更新。此外,学院还设立了教师领袖计划课程项目,用以培养课程与教学方面的领导者。值得注意的是,学院利用主题研讨项目提升在职教师经验,催生教学智慧。

第三,评价体系的改变。教师教育必须围绕教师专业发展,评价体系也是如此。而教师发展性评价是以促进教师的专业发展为最终目的的评价制度,是一种以促进教师发展,以教师为核心,以发展教师个体为理念的评价。[①] 因而,发展性评价更为关注教师发展过程,侧重写实性评价。较为多见的方式如教师专业发展档案、评估表法、课堂展示等。因此,职前教育阶段的发展评价注重基础方面:知识体系、能力结构和基本素养;在职阶段更为注重知识能力结构的完善和提升,而这种评价则更为注重阶段性,并指向学生的反应。

(二) 教师发展思维的转换

从师范教育理念到教师教育理念的转变,无疑会引发教师培养思维(组织角度)和教师发展(个人角度)思维的转变。而这种转变对于个体来说,最为明显的就是从学校选择到职业选择与发展的改变。

---

① 徐文峰.教师专业发展实践导论[M].北京:人民日报出版社,2015:95.

1. 师范教育：选学校等于选职业

在师范教育理念背景下，所有的工作重心都压在职前教育端，而教师培养以及相关研究，也都集中在探讨获取生源、培养模式、课程体系、学生评价、实践发展等方面，其目的在于将职前教育（基于师范院校）全方位优化和提升，以保证招得来、送得出、用得好。其中，招生端力求通过政策的改变，吸引更多更优秀的生源——这一思维对今天的教师教育仍然有着不可磨灭的影响。从发展角度来看，师范教育理念下的师范生个体和管理者，有着共同的问题：学校选择。换言之，初高中毕业生一旦选择了师范，就意味着在很大程度上或者在最大可能上实现了身份的转换——由学生而成为未来的教师。而对于管理者来说，招录进来的学生也进入了职前教育模式，甚至可以说，当在职培训相对薄弱的情形下，招录了师范生，就意味着完成了教师储备。因此，无论从哪一方来看，师范教育都是意味着将学校选择与身份代换等同起来。至于被选择者或者主动选择者，是否对教师职业有着高度的认同，则不是该阶段要考虑的问题。这种情况在"统招统分"的计划经济时代，非常普遍，而这种情况直接导致的问题，是存在一部分的被动选择师范生，这个群体很难把教师作为终身职业。

在师范教育理念下，学生一旦选择师范学校或专业，就意味着选定了职业，绝大多数人最终会走向教师工作岗位。在这样的前提下，初高中毕业生一旦进入师范院校或者专业，就等于进入预备教师岗位。换言之，自成为师范生的那一刻起，就必须按照既定的专门性培养方案进行教师的知识、能力以及相关素质的培养和训练。而这种训练是极为重要的，能够从多个维度为师范生的未来职业生涯做准备。因此，师范生又称为"未来的教师"。值得注意的是，对于初高中毕业生来说，经过完整的师范阶段陶熔，其教育情感逐渐形成，其教育知识结构逐渐搭建起来，其能力发展也呈现出结构化的特点。从制度设计角度来看，师范教育理念下的教师培养，能够帮助未来的教师更早地进入和体悟角色，而这种角色实际上还带有一定的连续性——初高中毕业生刚刚离开基础阶段教育,与基础教育刚刚"揖别",即进入准备的教师阶段,在某种程度上能够帮助师范生快速建立教育情感。

2. 教师教育：基于职业认同的选择

从"准备的教师"的角度来看,教师教育理念之下的选择,无疑是一种基于科学认知的选择——对教师职业的认同。而这种选择往往从三个维度切入：获得教师资格证(或者进入教师教育文凭项目)并通过考试招录的方式进入教师队伍、在高等教育阶段通过二次招生进入师范专业(主要限于部分大类招生的学校)、选择包括师范专业进入(为保证选择的科学性,师范专业的出口也相对扩大,甚至部分学校允许中途转专业)。大部分是主动选择师范,这种自由和灵活的选择,无疑是指向职业认同。在教师教育理念下,职前教育阶段、入职教育和在职教育三个阶段是一体化的,因而职前教育的理性选择,无疑对于选择者的终身发展和持续发展有着极为重要的作用。就职前教育阶段来说,选择者主要是基于对教师职业的深入了解进而产生的职业认同、对教育深刻情感进而产生的精神归属、对教育生活的向往进而产生的生活理想等方面。由此,进入职前阶段的训练者无疑更为"功利"：围绕职业发展进行自我规划、围绕能力和素养的提升开展学习活动并积极自律、围绕职业需求进行其他相关准备。因此,他们对于职前教育有着极高的期望：科学的培养方案、系统而结构化的课程设置、科学的实践活动与支持(实践平台、师资配备和相关资源建设)、能够科学有效地促进发展的评价体系、结构合理的师资队伍(包含中小学高水平教师、高校高水平学科专家、高校高水平的教育理论专家等)。就师范院校而言,要满足这一需求,关键在于围绕未来教师的专业发展和终身发展,改革现有体系、完善既有制度、创新方法体系和优化资源体系。而所有的问题,归结到一点,就是基于标准开展建设。从管理的角度来看,院校是否符合标准建设并按照标准要求运行,则是需要重点关注甚至是实时监控的。当然,这种监控在于为后续的评估提供依据:从自评到第三方评价。

三、"教师教育"理念下的教师教育体系改革

在我国教师培养的现实中来探讨教师教育,必然要顾及体量庞大的师范教育体系——教师的职前教育,因而教师教育自身必然就存在职前教育和在职教育一体化对接问题。而在教师教育的语境下来探讨师范教育,必然涉及两个方面的问题:如何基于教师发展的全过程,设计和推进师范教育,实现教师自身职前教育和在职教育的一体化发展和可持续发展;如何从教师培养以及教师队伍建设的角度,全面把控教师教育各个环节,实现可持续发展和科学发展。实际上,这两个问题的解决,最终还是要归结到一点:如何基于科学理念推进师范教育。

(一)规范化发展:基于完整系统的教师教育标准体系

教师规范发展是教师自由、高质量发展的前提,换言之,没有规范就很难有所谓的高质量的发展。职前教育经历了数百年的发展历程,已经形成了基本的逻辑和完整的规范,从某种意义上说,这也是职前教育的经验智慧。而这些规律性认识和规范性的要求,也应该为师范教育所遵从。标准本位的教师教育观认为,教师教育的主要目标是培养优质教师,要充分考虑标准导向、政策保障、各方参与、评价测量的作用,以实现教师教育目标,满足社会对优秀师资、优质教育的需求。国外的教师教育规范性制度以美国、英国等为代表,不仅完整而且系统。美国于1954年成立全国教师教育认证委员会,开始承担起全美教师教育机构的资格认证工作。1987年美国州际新教师评估与支持联合会制定了全国通用的教师入职标

准。美国有四大全国性的教师专业标准机构：美国全国教师教育认证委员会（National Council for the Accreditation of Teacher Education，NCATE）、美国州际新教师评估与支持联合会（Interstute New Teacher Assessment and Support Consortium，INTASC）、美国国家教师专业教学标准委员会和美国优质教师证书委员会。2013 年，NCATE 和教师教育认证委员会（Teacher Education Accreditation Council，TEAC）合并，建立了全国统一的教师教育认证机构"教师培养认证委员会"（the Council for Accreditation of Education Preparation，CAEP）。在完善的标准体系下，美国的教师教育机构相对较为整齐，职前项目也实现了规范和有序的运行。类似地，英国、法国、新加坡都形成了完整而系统的教师教育标准体系。可见，系统而完备的教师教育标准体系，既是教师教育规范化运行的产物，也是教师教育科学运行的依据和保障。通过多年努力，我国的教师教育标准也逐渐走向系统化。2011 年，教育部出台《教师教育课程标准（试行）》，为教师教育的课程"立法"。2012 年，教育部出台了《幼儿园教师专业标准（试行）》、《小学教师专业标准（试行）》、《中学教师专业标准（试行）》等教师职前培养质量评价的相关标准，为中小学教师培养、准入、培训、考核等工作提供了重要依据。① 2017 年，教育部印发《普通高等学校师范类专业认证实施办法（暂行）》，并同时发布《学前教育专业认证标准》、《小学教育专业认证标准》、《中学教育专业认证标准》。当前，教师教育认证工作已经开始。

教师教育标准体系建设以及基于标准体系的规范化行动，要求教师教育制度体系建设、平台建设、教师教育活动设计与实施、教师教育评价等方面，都必须依规合矩。从职前教育发展来看，应该从课程设置、教育实践活动开展、平台建设、资源体系建设、评价体系建设等多个维度逐步规范化。从在职教育角度来

---

① 王立科.论标准本位教师教育及其理念[J].教师教育研究,2009,21(3)：29-33.

看，基于国家层面、省级层面、县区层面和学校层面的统筹，建立适应各个发展阶段、各个发展序列、各个学科的"菜单式"和"积分制"的在职教育课程与活动体系，以及相对应的管理体系，实现规范化、常态化发展，将是今后的努力方向——显然，当前貌似红红火火实则虚假繁荣的教师培训体系，必须接受"规范化"的改革。

（二）高质量发展：基于认证角度的职前教育

西方发达国家的教师教育认证体系建设日趋严密，这也成为教师教育科学发展的重要保证。认证的目的在于规范师范专业发展和促进师范专业的发展，同时还有"优胜劣汰"的优化之意。对于师范专业来说，无疑是一种有效的促进力——这一点在国外的实践中得到了证明。以美国的"教师培养认证委员会（CAEP）"的认证为例（该机构为美国全国教师教育认证委员会和教师教育认证委员会合并形成）CAEP 负责对美国所有提供学士和学士以上或研究生阶段的教育者培养课程进行鉴定和认证。其认证的步骤为：（1）CAEP/SPA 认证审查——所有申请 CAEP 认证的教育专业都必须完成专业评估。（2）提交年度发展报告，以数据的方式呈现出教师教育活动。（3）自查与自评。（4）发展式评估——CAEP 将指派一个由经过培训的同行组成的评审小组，对该教育专业进行一次进展式的非现场评审。（5）实地考察。在进行发展式评估之后，评审小组将进行两到三天的现场访问以检查证据、验证数据并检查教学的实物。（6）认证结果反馈——公布认证结果。[①] 常态化认证，对于提升美国教师教育机构运行的效能，起到了重要推动作用。我国的认证体系建设酝酿时间较长，直到 2017 年，我国才颁布《普通高等学校师范类专业认证实施办法（暂行）》，将认证分为三级：第一级采取网络平台数据

---

① CAEP. CAEP Scope of Accreditation［EB/OL］. http://caepnet. org/accreditation/about-accreditation/what-is-accreditation.

采集方式,对师范类专业办学基本信息进行常态化监测。第二、三级采取专家进校现场考察方式,对师范类专业教学质量状况进行周期性认证,认证程序包括申请与受理、专业自评、材料审核、现场考察、结论审议、结论审定、整改提高等七个阶段。

不难看出,在认证体系中,常态化监管与常态化自我监管,成为核心词。换言之,外部监控与内部自我监管、自我评价下的职前教育发展必须规范化。专业认证之下的教师教育,应该从以下几个方面努力:第一,专业分析、专业定位与专业调整:强特色、精专业。在以往"大而全"的专业设置中,很多师范院校往往是"全能型"选手,但在单项上缺乏竞争力。因此,面对认证的开展,需要在资源梳理的基础上,结合基础教育发展、学校的区域性特征、区域性竞争(专业布局)态势,综合考虑各个方面因素,全面进行 SWOT(态势)分析,科学、充分地展开论争,抛好专业之锚——规划好专业布局,明晰未来发展方向。要有长远眼光,而不是什么专业"热"办什么。值得注意的是,在资源梳理的同时,要全面整合,以"特色专业"和"高水平专业"为指向,进行资源优化与配置。第二,立足"标准",突出"专业"性。在科学分析的专业选择与设置基础上,通过科学的管理,才能真正做强做大专业,凸显专业性。因此,根据标准结合自身资源、发展经验以及其他优势的分析,形成科学的专业发展的路径和策略,是一项重要工作。明晰专业发展目标、专业人才培养目标,进而优化和完善课程结构、教学内容、教育实践平台、资源支持体系。其中,专业人才培养目标,要结合师范教育自身的规律、基础教育改革发展需求等方面制定。而课程体系建设,要紧扣《教师教育课程标准(试行)》,并在设置上平衡好学科课程与教师教育课程,同时要根据基础教育改革发展的需要以及社会变化发展的动向进行及时的调整和更新。而实践平台建设上,要凸显"中小学——高校——基础教育研究机构"的合作体系特征。实践教学上要尽可能地增加师范生实践教学的时间、丰富实践教学的形式和内容、注重师范生实习期间的及时指导和有效反馈,培养师范生自我反思和成长的能力,增强师范生独立应对多样教学情境和状况的能力。第三,建设好"师者之师"队伍。促进学生的全面发展,必须首先抓好教师队伍建设,教师队伍应该由业务水平高的学科教师、具有丰富的中小学教育经验的教师(教研员)和专业水平高的教育学教师组成,从学科基础、实践能力、教育素养等维度,引领学生发展。第四,建立常态化专业自我评估。自我评估的目的在于有效地发现问题进而自我改进。因此,要形成自我评估(校内评估)的意识,即明确为何要开展自我评估。在此基础上,要基于相关标准体系和建设目标构建自我评估(校内评估)制度和机制体系:标准、评估手册、评估单位负责人制度、评估——反馈——改进——再评估——奖惩机制(如增加投入和校内专业优化退出),为自我评估(校内评估)的科学运行和有效运行提供支持。[①]

(三) 专业化发展:基于标准发展的在职培训

教师的发展具有阶段性和连续性特征,因而职前教育与在职发展是前后相继的一体。这就要求在职培训在设计上应该同样凸显出规范性,突出以"制式培训"为主,非制式培训为辅的特征。第一,多层次、科学分工与协作的制式培训。制式培训就是围绕教师专业发展标准所要求的各个维度,根据教师的发展的阶段、学科特点,形成菜单式的培训方案,而这种培训在主题上可以有所不同,但培训必须是常态的。具体而言,对于新手教师、成熟教师等发展的不同阶段不同需求,可以从教师专业知识、教育教学能力、道德、反思能力等维度,设计不同层次的培训方案,开展和实施不同的培训。从层次上看,部分最为基本的培训可以由教师专业发展学校承担——随着师范类专业认证的推进,对所有的涉师机构的认证也将陆

[①] 路书红,黎芳媛.挑战与应对:专业认证时代我国教师教育专业发展研究[J].当代教育科学,2017(5):68-71.

续实施。因而,教师专业发展学校需依据相关标准,夯实自身基础,胜任最为基础的教师专业发展培训(江苏省于 2018 年启动"教师专业发展示范基地校"项目,凸显了规范化建设的要求,将在某种程度上凸显出其在教师基础培训中的地位和作用)。而部分提升性培训,可以由区县一级培训机构组织实施。部分较高层次的培训,可以由省级培训机构组织。当然,最高层次的培训,包括教育智慧激发、教育理念培育、办学思维培育等项目,可以由国家层面组织实施。第二,遵循标准的非制式培训。教育改革中,不断出现新问题、新现象,因而需要对教师开展部分非制式培训。但并不是说这种培训无标准可循,可以随意阐发。实际上,即便是针对新问题、新现象的认知和解决能力的培训,也仍然需要遵循相关标准,从课程设计、培训对象选取、课程评价等角度进行规范。

第二章

从免费师范生到公费师范生

2018 年 7 月,《教育部直属师范大学师范生公费教育实施办法》正式公布。此前,2007 年的《教育部直属师范大学师范生免费教育实施办法(试行)》和 2012 年的《关于完善和推进师范生免费教育的意见》曾先后发布。本章梳理了师范生从免费教育到公费教育的政策嬗变及发展逻辑,并重点结合《教师教育振兴行动计划(2018 — 2022 年)》和"卓越教师培养"计划,介绍地方及师范院校"强师兴教"与"新师范"建设的探索实践。

一、 师范生免费教育制度

2007 年,国办发〔2007〕34 号文件正式提出的部属师范大学试行师范生免费教育制度,是中央的一项重大教育政策措施,其目的是促进我国中西部与东部地区、城市与农村地区的教育发展与教育公平,通过建立教育试点,分阶段、有步骤地获取改革试点经验,继而构建新的教师教育制度,为培养投身于基础教育的优秀中小学教师队伍奠定坚实基础。追根溯源,师范生免费教育政策有其独特的历史渊源和制度背景。

（一）历史背景与实施过程

1. 师范教育政策的历史回顾

教育是国家发展、民族振兴、社会进步、人民幸福的坚强基石。教师是立教之本、兴教之源。优先发展教育事业，是 21 世纪中叶实现伟大中国梦的基础工程。师范教育在教师教育中具有基础性、源头性、战略性的重要地位，是教师培养的必由之路，是中小学师资培养的工作母机。没有一流的中小学教师队伍，高质量的基础教育就无从谈起。因此，基础教育要持续健康发展，必须从源头上、基础上抓早抓好师范教育，不断推进教师教育的改革发展。

从师范生培养的角度来看，师范与非师范类的收费区别在 1997 年全国高校招生并轨时被取消。因为缺乏完整的政策保障和行动计划，师范教育的优势在市场经济体制的冲击之下明显减弱，一定程度上制约了我国基础性教育的发展，导致我国中西部地区与东部地区、农村与城市之间的教育不公平情况愈发严重，教育质量差距愈发拉大。而教育公平作为最基本的社会公平需求之一，涉及到千家万户，更涉及到全社会的稳定发展。从这个意义上来说，免费师范制度这项政策的诞生顺应了历史潮流，但最终效果还需要时间检验。毋庸置疑的是，免费师范教育制度在一定程度上提高了我国教师的培养质量；并推动基础教育领域教师资源的均衡配置和发展，进一步缩小东西部差异和城乡差异，切实地促进了教育公平的实现。[①]

2. 回归免费教育的政策特征

政策制定处于动态发展的过程，其具体形态与具体实施方法具有不确定性，宏观上，处于螺旋式上升的发展过程。外界因素的改变必将带动内部政策的调整，内部政策的调整是为了适应外部条件。[②] 2007 年，国家"师范生免费教育政

---

① 仲红俐. 师范生免费教育政策问题与对策研究[D]. 南京：南京农业大学，2018，30(05)：7-13.
② 陈振明. 政策科学[M]. 北京：中国人民大学出版社，2008.

策"的出台,改变了当前师范教育收费劣势的现状,极大地改善了免费师范生的学习生活条件,对我国基础教育的建设起到了推进作用。新的免费师范教育制度继承了 1980 年以前的免费师范教育传统,也在其中加入了适合当下社会发展的元素,呈现出了鲜明的导向性、强力的示范性与效用的长期性。[①]

政策的导向性,保障优质生源。政策的出台,明确了部属大学师范生的选拔标准、渠道和培养模式,使得师范教育更具有吸引力。免费师范生政策是国家为面向全社会树立尊师重教风气的示范性举措,树立了重视师范教育的崭新旗帜,有利于从广大应届高中毕业生中吸引优秀人才就读师范专业,并鼓励其终身从教,从培养源头上打牢教师队伍的建设基础,引领教师教育的良性发展。

政策的示范性,促进教育公平。政策规定了师范生毕业后的流向,免费师范生毕业后至少要投身于我国的基础教育事业十年以上,并鼓励其长期从教、终身从教。此外,为了促进广大农村地区教育事业的发展,缩小其与城市的教育差距,政策规定了免费师范生获取在城镇从教的先决条件是在我国农村地区任教至少两年。这样具有鲜明导向性和承诺性的要求,能够让师范生在毕业后定向充实到中西部和农村地区的教师队伍中去,对于促进我国教育的均衡发展和教育公平具有重要意义和深远影响。

政策的长期性,实现稳中求进。根据实际情况来看,当下教育部直属的 6 所师范大学培养的免费师范生体量远远不足以解决我国中西部和广大农村地区优秀师资匮乏的问题。但是改革不可一蹴而就,因此《教育部直属师范大学师范生免费教育实施办法(试行)》开篇就点明从部属师范大学开始实行的免费师范生制度只是试点,后续总结经验面向全国推广才是更为重要的目标。该制度实施 4 年后,鼓励地方师范大学对师范生施行免费教育正好印证了这一点。

---

① 杨润勇. 新一轮"师范生免费"政策的特征及其执行的思考与建议[J]. 中国教师,2010(06):9.

3. 免费教育制度的政策要点

2007 年师范生免费教育制度正式推出后，一石激起千层浪，引起了社会的巨大反响。文件开宗明义用了三个"就是要"表明了国家当前实行师范生免费教育制度这一重大举措的政策目标。一是从外部环境建设的角度，强调要大力促进我国尊师重教的社会氛围形成，意在让教育事业变成受尊崇的事业；二是从内部队伍建设的角度，强调要"培养大批优秀的教师"，意在通过教师教育取得队伍建设的实质提升；三是从政策示范导向的角度，针对当前基础教育办学专业性不强的现状，大力提倡教育家办学，意在鼓励更多的优秀青年长期从教、终身从教。[1] 那么具体而言，师范生免费教育制度的政策要点具体包括哪些呢？

(1) **实施范围**。全国师范高校分为教育部直属和地方师范院校两个层次，政策选取了北京师范大学、华东师范大学等 6 所教育部直属师范大学作为此政策的实施试点高校。从部属师范大学开始试点，有利于进行高水平引领，也有利于控制政策方向进程，总结试点经验。

(2) **政策优惠**。免费教育的"免费"二字，具体指的是免费师范生在校学习期间享受"两免一补"的优惠政策，即"免除学费、免缴住宿费和补助生活费"。因其所在高校均为教育部直属师范大学，所以其实施免费教育的经费均由中央财政统筹安排。

(3) **招生对象**。免费师范生作为具有社会公共职业性的特殊培养对象，在招生政策上也享有机会优先。部属师范大学师范专业在高考招生中实行提前批次录取，给予有志于从教的学生提前选择的机会。这样有利于国家选拔更多优秀高中毕业生进入教师培养体系。

---

[1] 国务院办公厅. 国务院办公厅转发教育部等部门关于教育部直属师范大学师范生免费教育实施办法（试行）的通知 [EB/OL]. http://www.moe.gov.cn/jyb_xxgk/moe_1777/moe_1778/201808/t20180810_345023.html.

（4）**定向培养**。免费师范生享有优惠政策，也要承担其相应的义务。免费师范生在入学前，要通过与培养学校、生源所在地省级教育行政部门签订三方协议的形式明确毕业去向。免费师范生要承诺毕业后在基础教育领域从事中小学教育十年以上。如果存在毕业后未按协议从事基础教育工作的，要按协议规定退还相关费用，并缴纳一定额度的违约金。

（5）**就业保障**。免费师范生在就业上还享有"有编有岗"的强有力政策保障。文件规定免费师范生就业由省级教育行政部门主导，各地教育部门负责组织用人学校与毕业生进行双向选择。为了让每一位免费师范生毕业后都能够安排、落实任教学校，政策明确规定要确保免费师范生就业"有编有岗"，这是免费师范生就业的重要保障。政策一方面明确了其毕业后就业的一般流向，即均应回生源所在省份的中小学任教；另一方面也作出灵活性规定，即在协议规定的服务期间内，免费师范生可在不同的学校间流动或从事教育管理工作。

（6）**专业转换**。免费师范生政策虽然有鲜明的导向性，但并非是一个封闭的政策系统，而是一个单向开放、内部流动的政策系统。"单向开放"指的是符合条件的非师范生可在入学两年以内，经个人自愿申请，转入计划内的师范专业。成功转入师范专业的非师范生，学校将参照师范生政策，给予、补齐其在非师范专业就读期间的政策优惠。"内部流动"指的是，免费师范生在学校规定的师范专业范围内，有第二次选择专业的机会，这就保证了师范生群体一团活水的状态。

（7）**深造机会**。教师是一个理论性和实践性俱强的职业，就读硕士研究生是许多师范生的志向要求和职业需求，政策对此也专门做了设计。就免费师范毕业生而言，符合条件的优秀师范生可通过免试在职学习的方式攻读硕士学位。可攻读的硕士学位分为两种类型，一类是教育硕士专业学位，另一类是与教学相关的学术型硕士学位。同时，为了保证免费师范生能够潜心从教，致力于我国基础教育建设，政策规定免费师范生在毕业前及在毕业后教育服务协议规定的服务期内,除特殊情况外不能报考脱产研究生。

(8) **培养要求**。免费师范生政策对培养单位明确提出了培养要求,要求培养单位以打造优秀的教师和具有丰富办学理念的教育家为目标,大力推进教师教育改革创新,并明确提出建立师范生培养导师制度、加强师德师风教育和强化实践教学的要求,让师范生树立先进的教育理念,打下热爱教育事业的种子,使其成为具有长期从教理想的优秀教师。

(9) **考核评价**。为了激励师范大学聚焦主责主业,专心专注培养师范生,政策明确规定培养优秀中小学教师是评价师范大学办学水平的重要指标。政策明确表示对在师范生免费教育工作中做出积极探索、尝试并取得一定贡献的高校,在政策供给上给予一定的倾斜,从而形成良性循环的激励机制。

(10) **工作要求**。师范生培养从招生到就业,离不开多地区、多部门、多层次、多方位的协同合作。文件要求各有关地区、部门和学校都要切实负起责任,保证师范生政策的顺利实施。政策不仅明确了各级政府要抓教育的主体责任,也明确了中央财政要提供财政支持,地方政府和农村学校要提供必要的工作生活条件和周转住房,为免费师范生的选拔、培养、就业和管理保驾护航。

4. 免费教育制度的示范效应

引领推动教师教育模式创新。师范生免费教育政策的出台,搅活了师范教育的一池春水,极大地引领了高等师范院校教育改革,特别是推动了教师教育模式的创新。① 师范生免费教育政策的出台虽然是从 6 所部属师范大学开始,但是其工作成效显著,很快得到了全国范围内师范大学的积极响应,呈现波次推进之势。为了进一步强化教师教育工作,6 所部属师范大学和各地师范院校纷纷发挥办学主动性,创新管理体制机制,成立统筹和协调教师培养工作的管理机构。如北京

---

① 郑国民. 充分发挥师范生公费教育政策的导向作用[EB/OL]. http://www.moe.gov.cn/jyb_xwfb/moe_2082/zl_2018n/2018_zl54/201808/t20180816_345398.html.

师范大学、华中师范大学率先成立了教师教育学院,华东师范大学成立了全国首家以免费师范生为主体的孟宪承书院。同时各校发挥主动性,精心制定具有自身特点的免费师范生培养方案,在授课师资上下足功夫,不仅要安排教学名师给免费师范生授课,而且要选派具有丰富教学经验的高水平教师担任相关课程的教学任务,更要进一步建立常态化、机制化的导师制度。与传统的教师培养模式相比,这些新的改革措施不仅能让学生从入学开始就接受最优质的教育教学,并且能够高起点地深入了解、反思我国基础教育的真实情况,并将理论学习与教育实际结合起来,有效提升免费师范生的教育教学研究能力和实践能力。

全国推广免费师范教育政策。免费师范教育制度实行 4 年后,首届免费师范生顺利毕业,国务院办公厅转发教育部等部门《关于完善和推进师范生免费教育意见的通知》。意见总结了免费师范生制度的试点经验,并明确提出在全国范围内推广师范生免费教育政策。从文件看,师范生免费教育试点推广工作坚持因地制宜的原则,各地的具体办法由省级人民政府制定,所需经费由地方财政统筹落实。全国各地在该文件的鼓励和支持下,结合自身实际情况,选择有能力且合适的师范院校进行师范生免费教育制度的推广。各地还探索出了公费培养、学费补偿、国家助学贷款代偿等多种师范生免费教育的方式,提升了师范生免费教育制度的生命力。

(二) 高等师范院校的实践经验

在师范生免费教育实施的过程中,各地各校积极推动教师教育体制机制改革,从师德养成、课程设计、实践锻炼、氛围营造、养成教育等方面着手,不断优化师范生培养模式,提升师范生培养质量。笔者选取北京师范大学、华东师范大学、西南大学和上海师范大学等 4 家高校的经验做概要性介绍。

北京师范大学探索构建了"4+X"多元化教师培养体系。在传统的"4+3"模式获得教育学硕士的基础上,北京师范大学创新师范生培养模式,为学生进入教师队伍开辟新通道。一种是学生直接选择修读免费师范教育课程,获取学士学位和教师资格证书;一种是学生修读教师教育课程模块和相关专业双学位课程。在课程体系建设方面,根据不同性质,将培养对象分为应届本科毕业生、免费师范生和在职教师三种,在卓越教师六大素养基础上突出培养重点和特色,确定每门课程必修、选修或限选的性质,构建模块式课程体系并衍生出与之对应的课程系统。① 和其他高校不同,北师大实施"免费教育师范生入校选拔"制度,即在新生开学初期,通过学生自愿申请、学校免费师范生选拔专家组考核、教育行政部门审批的方式获取免费师范生资格,其余学生仍旧作为非师范生进行正常学习。②

华东师范大学创新教师教育体制机制,深化"卓越教师"培养,进行本硕一体化统筹,构建了"4+N+2.5"的教师培养模式。其中,"4"为本科教育阶段,身份为受教育者;"N"为毕业后入职阶段,身份是教育者。"2.5"为攻读教育硕士学位阶段,同时兼具教育者和受教育者双重身份属性。华东师范大学还为教师教育精心构建了教师教育课程群,涵盖教育与心理、教育研究与拓展、教育实践与技能和学科教育等4大类课程。学校为免费师范生量身定制培养方案,构建以通识教育、专业教育和教师教育三大板块组成的课程体系,形成"见习、研习和实习一体化"的实践教学体系。③ 在职业养成方面,华东师范大学组建了全国首家以免费师范生为主体的书院,建立4大制度,全方位多元化满足师范生的个性化发展需求。一是借助通识教育制度推进全人培养,二是推进导师制度深化全员育人,三是推进社区活动丰富学习体验,四是推进学业指导制度协同专业教育。书院制育人环境,为师范生的成长成才创设了一个融智育与德育为一体、课内与课外相协同、让

---

① 马健生,张弛,孙富强. 构建模块化课程体系 造就卓越教师[J]. 学位与研究生教育,2013(10):3.

② 北京师范大学本科招生网. 本科生报考指南[EB/OL]. https://admission. bnu. edu. cn/bkzn/index. html.

③ 教育部. 华东师范大学创新人才培养机制着力打造优质本科教育[EB/OL]. http://www. moe. edu. cn/jyb_xwfb/s6192/s133/s169/201507/t20150730_196885. html.

教学相长与朋辈共进往复的师范养成模式。在引领师范生从教情怀、提升师范生教学素养和实现师范生人格养成等方面成效显著。[①]

西南大学以培养卓越教师为指引,全面推进教师教育制度改革。在招生环节,提高一次选拔的生源质量,加大二次选拔力度,有条件的情况下试行跨学校二次选拔。培养环节上,实施精英化培养计划,整合优质教育资源,组建一体化师资队伍;提升师范生学术科研能力,选拔师范生参与知名中小学的教学科研活动,进入真实的学术实践场景;拓宽师范生国际视野,选拔优秀师范生赴国外大学和中小学实习实践,提升国际教学对比经验;建立师范生本硕、硕博连读机制,选拔优秀毕业生免试攻读教育硕士和教育博士学位,构建骨干教师、优秀教师与专家教师系统化培养新机制。[②] 师德养成上,实施分级分类教学,依托思想道德修养课程、新生入校教育、诚信主题活动、师德专题讲座等,强化职业理想教育、定位教育和道德教育;组织师范生赴农村中小学开展为期半学年的"顶岗支教",开展"大手牵小手"活动,让师范生在教育教学实践中增强责任感、使命感;组织"未来教育家联盟",举办师范生教学技能大赛、演讲比赛、才艺展示大赛等赛事,提高师范生的从教技能、教学素养和个人能力。[③]

上海师范大学作为具有特色的地方师范大学,从 2008 年开始率先试点招收免费师范生工作。学校在招生、教学、实习等环节推出一系列改革措施,探索建立培养未来卓越教师的"特区",服务上海基础教育。为招收优质生源,学校严把入口关,在语数外三门笔试基础上,外加心理测试、技能测试、专家面谈、小组讨论,

① 吴薇,杨艳红.立德树人:书院制下师范生养成教育的探索与实践——以华东师范大学孟宪承书院为例[J].教师教育研究,2016(5):8.
② 张卫国.推进教师教育改革　深化卓越教师培养[EB/OL]. http://www.moe.gov.cn/s78/A10/moe_1801/ztzl_jsjyzx/zjwz/201804/t20180420_333804.html.
③ 教育部.西南大学着力加强免费师范生教育　以"中国梦"引领"教师梦"[EB/OL]. http://www.moe.edu.cn/jyb_xwfb/s3165/201304/t20130402_150080.html.

围绕考生的职业志向、行为品德、心理素质、团队精神等进行层层考核筛选,确保师范生"适教乐教"。培养方面,为师范生量身定制课程体系培养方案,纳入以著名教育家、首任校长命名的"世承班"单独编班,聘请知名教授、骨干教师担任导师,推出探究式学习特色课程,如"教育名著导读"课,引导师范生读教育经典,与大师对话。拓展师范生综合素养,设立技能课程,如写作、书法、发声训练技巧、形体训练、英语语音训练、语言表达、礼仪训练等;实施"浸润式"实践教学,培养师范生对教师职业的认同感;开展顶岗实习,帮助师范生锤炼教学技能,强化专业思想,增强教育理想担当;立足上海国际化大都市的区位优势,开展海外教育见习,让免费师范生吸收国外的教育理念。①

二、 师范生公费教育制度

"改进完善教育部直属师范大学师范生免费教育政策,将'免费师范生'改称为'公费师范生',履约任教服务期调整为 6 年"②。《教师教育振兴行动计划(2018—2022 年)》中实施"(四)师范生生源质量改善行动"的这一细化举措,将师范生公费制度重新带入了公众视野。

(一)"免费"教育到"公费"教育的转换逻辑

2018 年 7 月,《教育部直属师范大学师范生公费教育实施办法》(国办发

① 教育部. 上海师范大学:建培养未来卓越教师的"特区"[EB/OL]. http://www. moe. gov. cn/s78/A10/moe_601/201405/t20140506_168317. htmlhttp://www. moe. gov. cn/s78/A10/moe_601/201405/t20140506_168317. html.

② 教育部. 教育部等 5 部门联合印发《教师教育振兴行动计划(2018—2022 年)》[EB/OL]. http://www. moe. gov. cn/srcsite/A10/s7034/201803/t20180323_331063. html.

〔2018〕75号,以下简称《办法》)出台①,将"师范生免费教育"调整为"师范生公费教育",对六所部属师范大学师范生公费教育政策进行了全面、系统界定。与此同时,《教育部直属师范大学师范生免费教育实施办法(试行)》(国办发〔2007〕34号)、《关于完善和推进师范生免费教育的意见》(国办发〔2012〕2号)同步废止。

新《办法》明确"师范生公费教育"是"国家在六所教育部直属师范大学面向师范专业本科生实行的,由中央财政承担其在校期间学费、住宿费并给予生活费补助的培养管理制度"②。该办法全文除了第六章附则有关《师范生免费教育协议》与现有办法衔接,以及第24条提及"各地可探索免费培养",行文再无"免费"两字的相关措辞。从"免"费到"公"费,一字之差,探寻"变"与"不变"的背后逻辑,对于准确理解和落实推进新"公费教育"制度十分重要。

1. 免费教育制度取得预期成效

从2007年第一届免费教育的师范生招生到2018年,免费教育制度经过了12年的不懈努力和探索。政策实施以来,一方面,提质增量,为地方源源不断地补充了大量来自于6所部属师范大学的高素质师范毕业生;另一方面,辐射示范,带动了地方师范生免费教育工作。因此,从直接微观效果上看,在"质"与"量"两方面优化了教师补充的机制;从宏观上看,政策在优化队伍结构、提高教育质量、均衡资源分配、促进教育公平等方面实现了预期成效。

公开资料显示,截至2017年,全国累计招收免费师范生10.1万人,在校就读

---

① 中华人民共和国中央人民政府. 国务院办公厅关于转发教育部等部门教育部直属师范大学师范生公费教育实施办法的通知〔EB/OL〕. http://www. gov. cn/zhengce/content/2018－08/10/content_5313008. htm.

② 中华人民共和国中央人民政府. 国务院办公厅关于转发教育部等部门教育部直属师范大学师范生公费教育实施办法的通知〔EB/OL〕. http://www. gov. cn/zhengce/content/2018－08/10/content_5313008. htm.

3.1万人，毕业履约7万人，其中90%到中西部省份中小学任教，为地方源源不断补充了具有较高素质的优秀教师，受到了地方教育行政部门、基层学校、学生家长的热烈欢迎。同时，师范生免费教育还发挥了示范引领作用，在教育部直属师范大学的带动下，北京、西藏、新疆等地实行全部师范专业学生免费教育；上海、江苏、湖北、四川、云南等地在部分师范院校开展师范生免费教育试点，如上海师范大学、江苏师范大学、江西师范大学、云南师范大学；广东、甘肃等地实行高校毕业生到农村从教上岗退费政策；江西、湖南等地开展免费定向培养农村教师工作；海南、广西与天津职业技术师范大学合作免费培养中等职业学校教师。据统计，共计有28个省（区、市）推行了地方师范生免费教育，每年培养4万余名毕业生到农村中小学任教，在改善和均衡教育薄弱地区师资配置、帮助家庭经济困难学生圆大学梦等方面社会效果显著。①

总的来说，师范生免费教育政策完成了制度探索、经验积累、辐射示范的预期目标，在优化基础教育教师队伍结构、均衡薄弱地区师资配置等方面发挥了补短板、促公平的制度保障与政策导向作用。

2. 免费教育制度亟待完善升级

从"三个牢固树立"到"四有教师"再到"四个引路人"、"四个相统一"，新时代的中国教育赋予了教师更重要的使命，寄托了更大的期望，提出了更高的要求。部属师范大学免费师范生是基础教育领域教师补充的优质来源，亦是建设高素质教师队伍的源头活水。当前，"中国特色社会主义进入了新时代，开启全面建设社会主义现代化国家的新征程，我国社会主要矛盾已经转化为人民日益增长的美好生活需要和不平衡不充分的发展之间的矛盾，人民对公平而有质量的教育的向往

---

① 教育部. 教育部有关负责人就《国务院办公厅关于转发教育部等部门教育部直属师范大学师范生公费教育实施办法的通知》答记者问展［EB/OL］. http://www.moe.gov.cn/jyb_xwfb/s271/201808/t20180810_344982.html, 2018-08-10/2019-03-04.

更加迫切"①,对建设高素质、专业化、创新型教师队伍有了更高期待。面对新形势与新使命,"师范生免费教育"作为提升教师队伍素质、优化教师队伍结构的一项重要举措,亟须在招生录取、人才培养、就业履约、履约管理、条件保障等环节进一步完善。聚焦现有薄弱环节,调整、完善政策成为当务之急;对标未来发展需求,优化、升级则是焕发政策生命力的长久之计。

在过去十年的师范生免费教育实践中,讨论得比较多的主要包括跟选拔录取和履约任教相关的免费师范生"进与出"的问题,如非自主招生学生的提前"考查难"问题,录取后经考查不适合从教学生的"退出难"问题;激励措施和条件保障相关的国家均衡教育发展的政策导向与学生追求个人发展利益诉求"兼顾难"问题,如优质生源不足的现实情况与培养优秀未来教师的美好期待之间的"不匹配"问题,如不能攻读学术型硕士研究生与成为学者型教师的"冲突型"问题;因公立学校薪资待遇低到非公立学校工作造成的违约就业或入职后跳槽等"履约难"问题。

以免费师范生退出为例,在具体实践中可能存在涉及退出事宜的现实情况,如在读期间或履约入职后因健康问题导致不适合从教,按照学校《学生管理规定》被开除学籍、入校后学习志趣转移或履约意愿丧失、执意违约等。但对照文件可以发现,在 2007 年老《办法》中除了"履约"外,并没有涉及"退出"问题的规定。政策推出四年后,2012 年《关于完善和推进师范生免费教育的意见》才结合 4 年政策实践过程的具体情况,明确规范了"健全免费师范生录取和退出机制",一方面,要求"部属师范大学要根据《普通高等学校学生管理规定》和师范生免费教育相关政策,制定在校期间免费师范生进入、退出和转专业的具体办法"。另一方面,也给了政策依据:"入学 1 年内可按规定程序调整到非师范专业"。

① 中华人民共和国中央人民政府. 习近平:决胜全面建成小康社会　夺取新时代中国特色社会主义伟大胜利——在中国共产党第十九次全国代表大会上的报告[EB/OL]. http://www.gov.cn/zhuanti/2017-10/27/content_5234876.htm.

但在实际操作过程中，则存在着因退出机制操作主体缺位或职责不清，因涉及退出的咨询、受理、赔偿和解决程序等规章制度空白，因相关管理人员对政策理解不到位或其他定势思维制约，因家庭经济困难暂时无力退还已享受的"两免一补"等现实情况造成的"退出难"问题。不适合从教、无从教意愿，却因不能退出而享受着国家免费教育资源，或者牺牲个人志趣勉强就读，无论对国家还是对个人都是资源的浪费或利益的损失。跟退出相关联的，还有服务期过长、违约金过高等学生群体反应强烈等问题。因此，清晰界定退出条件和退出事由，健全兼顾国家利益和学生权益的退出机制等，都要求进一步升级完善师范生免费教育制度。

(二) 师范生"公费教育"的制度延续与升级内容

新《办法》从选拔录取、履约任教、激励措施、条件保障等方面，对原有的"免费教育"制度进行了优化升级。

1. 彰显教育公共属性

从社会发展的角度来说，"公费制度"是体现公共服务精神、履行公共服务责任、推进公共文化生活的方式。师范教育因承担"培养教育人才服务全体国民、助推经济社会发展、弘扬人类文明"等职责，具有显著的公共属性。从产品的社会价值来看，以为基础教育培养师资为己任的师范教育具有鲜明的公共性，这是教育公共属性的直接渊源。现代国家建立并发展的公共教育体系，离不开作为其基础的公费师范教育，也就是我们常说的"教师教育是教育的母机"。换句话说，公费教育制度，从其建立伊始，就已打上了强烈的国家公共属性，是国家公共教育体系中基础性的关键构成。公共经费与公共资源的公共属性，要求教育对公共财政经费及公共资源的使用，应顾及社会中成员共同的利益，也是要把其共同消费和利用的可能性开放给全体公民。师范生公费教育制度化，充分体现了师范教育的公共性。[①]

从国家意志的角度来说,党和国家历来高度重视教师工作,将教师队伍建设摆在突出位置进行决策部署,致力于推动教师队伍的建设。由"免费师范生"到"公费师范生",虽仅有一字之差,但重点突出了政策的公共服务属性,也是国家重视教育事业发展和教师队伍建设的政策延续。教育事业关乎人民福祉、社会发展,承担为整个社会服务的公共职能。而作为教育发展的第一资源,教师承担着传道授业解惑的历史使命,肩负着塑造人、发展人的时代重任,是国家富强、民族振兴、人民幸福的重要基石。教师职业劳动的产品存在社会成员共同消费、使用的可能性,其职业劳动可能影响社会公共利益,因此,教师职业具有显著的公共性。师范生的"公费"教育,更能彰显其教师职业的公共性,突出国家管理和发展教师这一关乎社会公共利益及民族发展的职业的强烈意志。[②]

2. 体现政策优化升级

新的《办法》包括总则、选拔录取、履约任教、激励措施、条件保障、附则等 6 章 27 条,对新时代部属师范大学师范生公费教育制度进行整体设计,确立了新时代师范生公费教育制度体系的"四梁八柱"。[③]

从定位上,明确师范生公费制度。根据政策文本,新《办法》是对《中共中央国务院关于全面深化新时代教师队伍建设改革的意见》的贯彻落实,目的是"建立健全师范生公费教育制度"。而在此之前,无论是《教育部直属师范大学师范生免费教育实施办法(试行)》,还是《关于完善和推进师范生免费教育的意见》均未提及

---

① 李源田. 造就高素质教师队伍的制度保证[EB/OL]. http://www. moe. gov. cn/jyb_xwfb/moe_2082/zl_2018n/2018_zl54/201808/t20180816_345395. html,2018 - 08 - 16/2019 - 03 - 04.
② 智学. 教师队伍建设引来源头活水[EB/OL]. http://www. moe. gov. cn/jyb_xwfb/moe_2082/zl_2018n/2018_zl54/201808/t20180816_345399. html,2018 - 08 - 16/2019 - 03 - 04.
③ 夏立新. "五个维度"把握新时代"师范生公费教育"的新要求[EB/OL]. http://www. moe. gov. cn/jyb_xwfb/moe_2082/zl_2018n/2018_zl54/201808/t20180816_345392. html,2018 - 08 - 16/2019 - 03 - 04.

"制度健全"的层面,更多使用的是"重大举措"、"试点工作"。而从"免费"到"公费"一字之差,除前文所述进一步彰显公共属性之外,从选拔培养到条件保障等各方面均体现其因"政策升级"带来的师范生"身份标签"上的变化。

从源头上,优化师范生生源质量。一是强调考察与择优选拔,提高"公费师范生"门槛。对比老《办法》提出的"择优选拔热爱教育事业,有志于长期从教、终身从教的优秀高中毕业生",新《办法》明确提出要"重点考察学生的综合素质、职业倾向和从教潜质,择优选拔乐教、适教的优秀高中毕业生"。选拔公费师范生,不仅要"乐教",还要"适教",这其中不仅包括指向当下的"综合素质",还包括指向未来的"从教潜质";不仅有素养能力方面的要求,也有职业倾向上的筛选。**二是加大宣传与激励力度,吸引优质生源。**例如,新《办法》明确要求各地、各部属师范大学要为公费师范生的报考营造良好环境,开展各种形式的政策宣讲,不仅是"择优招录",还要"宣传动员",并配套升级了不少激励措施,涵盖支持公费师范生专业发展和终身成长的系列培养举措,例如要求"落实五年一周期的教师全员培训制度"。**三是是合理设置进出机制,减少优质生源报考顾虑。**老《办法》、《意见》文本中仅有"少量"录取后经考察不适合从教的免费师范生,可以在入学1年内按规定程序调整到"非师范专业",新《办法》中"少量"2字已去掉,并明确可以"由所在学校根据当年高考成绩将其调整到符合录取条件的非师范专业",减少了一些有意向但尚未明确志向的学生的顾虑。

从过程上,提高师范生培养质量。新《办法》强调"集中最优质的资源用于公费师范生培养,全面提高公费师范生培养质量"。**一是强化培养院校的责任担当。**新《办法》继续发挥作为指挥棒的政策导向作用,第十八条明确指出"要把培养优秀中小学教师的工作成效作为评价部属师范大学办学水平的关键指标",区别于老《办法》第九条"要把培养优秀中小学教师的工作作为评价师范大学办学水平的重要指标"。以"工作成效"代替"工作",以"关键指标"替代"重要指标",并要求

"各级督导部门要将师范公费教育工作纳入督导内容,加强督导检查并通报督导情况",从中可以看到国家提升"师范生培养质量"的决心力度以及对部属师范大学的明确要求。**二是优化培养举措。**除维持原有培养举措外,强调要探索优秀教师培养新模式,新增"支持部属大学遴选优秀公费师范生参加国内外交流学习、教学技能比赛等活动"、"建设国家教师教育基地,打造公费师范生教育教学实训平台"、"实行双导师制度"。**三是贯穿职前职后的全程培养。**新政策对公费师范生的选拔录取、在校培养、履约任教、职后培训等进行了全过程的系统规定,为公费师范生的学习生活、就业选择、专业发展、终身成长等提供了全方位的政策保障,为公费师范生全程规划教育生涯,全身心地投入到在校学习和职后发展当中,造就新时代的"四有"好教师创造了条件。

新时代、新方位、新征程,乘着师范生升级为"公费教育"的时代新风,除部属师范大学之外,各师范院校势必也会"主动适应教育现代化对教师队伍的新要求,遵循教育规律和教师成长发展规律",总结师范生书院制培养经验,深入实施"卓越教师培养计划",将师德教育贯穿教师教育全过程,探索师范生二次选择与转流机制,强化教育教学技能实训平台建设,推进教师教育信息化教学服务平台建设和应用,全面提升师范生培养质量,真正把"乐教"、"适教"又"善教"的人才培养成新时代党和人民满意的好老师。①

三、　强师兴教战略与"新师范"建设

2018 年全国教育大会对于"强师兴国"决策的重申以及《关于全面深化新时代

---

① 教育部. 教育部等 5 部门联合印发《教师教育振兴行动计划(2018—2022 年)》[EB/OL]. http://www.moe.gov.cn/srcsite/A10/s7034/201803/t20180323_331063.html.

教师队伍建设改革的意见》《教师教育振兴行动计划(2018—2022年)》等系列政策的出台,标志着我国教师教育振兴行动以及"新师范"建设举措步入了新纪元。在新时代背景下,摆在"新师范"面前的重要课题,就是要努力破解社会公众对优质教育资源及教育公平的强烈需求与优质教育资源稀缺及教育不均衡发展之间的矛盾。

(一) 强师兴教战略与卓越教师培养

习近平总书记在2018年全国教育大会上明确指出,教育是国之大计、党之大计,教师是立教之本、兴教之源。① 加快教育现代化,建设教育强国,办好人民满意的教育,要求全面深化新时代教师队伍建设改革,落实"强师兴国"决策部署。围绕全面推进教育现代化,立足全面落实立德树人的根本任务,新时代提出了新要求和新使命,要依托卓越教师培养计划的实施与优化,建设一流师范院校和一流师范专业,全面引领教师教育改革,建设高素质、专业化、创新型的教师队伍。②

1. 教师教育改革与振兴

2019年2月,中共中央办公厅、国务院办公厅正式印发《加快推进教育现代化实施方案(2018—2022年)》,强调以促进公平和提高质量为时代主题,围绕加快推进教育现代化这一主线,聚焦教育发展的战略性问题、紧迫性问题和人民群众关心的问题,统筹实施各类工程项目和行动计划,着力深化改革、激发活力,着力补齐短板、优化结构,更好地发挥教育服务国计民生的作用,确保完成决胜全面建成

---

① 中华人民共和国人民政府网站.习近平出席全国教育大会并发表重要讲话[EB/OL]. http://www.gov. cn/xinwen/2018-09/10/content_5320835.htm.
② 教育部.教育部等5部门联合印发《教师教育振兴行动计划(2018—2022年)》[EB/OL]. http://www. moe.gov.cn/srcsite/A10/s7034/201803/t20180323_331063.html.

小康社会教育目标任务,为推动高质量发展、实现 2035 年奋斗目标夯实基础。[①]该方案具体提出了推进教育现代化十项重点任务,第五项"全面加强新时代教师队伍建设"再次强调提高教师教育质量,实施教师教育振兴行动计划,大力培养高素质专业化中小学教师。"强教必须兴师",全面实现各类教育普及目标,全面构建现代化教育制度体系,大幅提升教育总体实力和国际影响力,离不开高素质的教师队伍。

《加快推进教育现代化实施方案(2018—2022 年)》出台之际,正是《中共中央、国务院关于全面深化新时代教师队伍建设改革的意见》(中发〔2018〕4 号,2018 年1 月 20 日,以下简称《意见》)颁布一年之时。[②]《意见》是新中国成立以来,党中央出台的第一个专门面向教师队伍建设的里程碑式政策文件,具有十分重要的意义。[③]《意见》提出要着力构建一套"中央统领、地方支撑、无缝对接、全面覆盖"的新时代教师队伍建设改革制度体系。《意见》具体包括多项行动:启动一项振兴计划,全面振兴教师教育;实施一个引领工程,启动师德师风建设工程;开展一项关键工作,开展好高校思政课教师队伍建设工作;完成一项底部攻坚,打好落实乡村教师支持计划攻坚战;补上一个薄弱短板,大力加强幼儿园教师队伍建设;开展一项创新行动,启动人工智能助推教师队伍建设行动;推动一项法律修订,尽快完成《中华人民共和国教师法》修订等。

面对本科师范综合、专科师范整合、中等师范消失的局面,《意见》明确提出,要建设有中国特色的师范教育体系的战略任务,要求实施教师教育振兴行动计

---

① 教育部. 中共中央办公厅、国务院办公厅印发《加快推进教育现代化实施方案(2018—2022 年)》[EB/OL]. http://www. moe. gov. cn/jyb_xwfb/s6052/moe_838/201902/t20190223_370859. html.

② 教育部. 中共中央 国务院关于全面深化新时代教师队伍建设改革的意见[EB/OL]. http://www. moe. gov. cn/jyb_xxgk/moe_1777/moe_1778/201801/t20180131_326144. html.

③ 曲铁华,于萍. 改革开发 40 年教师教育改革与未来展望[J]. 教育研究,2018,(9): 36 - 44.

划,建立以师范院校为主体、高水平非师范院校参与的师范教育体系,提出重点建设一批师范教育基地、提高教师培养层次、改革招生制度、改革培养模式、改革培养体系等一系列重要举措。教育硕士、教育博士授予单位及授权点向师范院校倾斜。

教师教育是教育事业的工作母机,是提升教育质量的动力源泉。为了进一步落实《意见》的决策部署,采取切实措施建强做优教师教育,推动教师教育改革发展,全面提升教师素质能力,努力建设一支高素质专业化的创新型教师队伍,教育部等5部门联合印发《教师教育振兴行动计划(2018—2022年)》(教师〔2018〕2号,2018年2月11日),[①]重点针对当前师范教育在生源质量、课程教学、体系建设、师资等领域存在的薄弱环节,以提升教师教育质量为核心,以加强教师教育体系建设为支撑,以教师教育供给侧结构性改革为动力,推进教师教育创新、协调、绿色、开放、共享发展,从源头上加强教师队伍建设,着力培养造就党和人民满意的师德高尚、业务精湛、结构合理、充满活力的教师队伍。

《教师教育振兴行动计划(2018—2022年)》明确了今后5年教师教育振兴发展的"五项任务"和"十项行动"。"五项任务"包括落实师德教育新要求,增强师德教育实效性;提升培养规格层次,夯实国民教育保障基础;改善教师资源供给,促进教育公平发展;创新教师教育模式,培养未来卓越教师;发挥师范院校主体作用,加强教师教育体系建设。"十项行动"具体包括师德养成教育全面推进行动、教师培养层次提升行动、乡村教师素质提高行动、师范生生源质量改善行动、"互联网＋教师教育"创新行动、教师教育改革实验区建设行动、高水平教师教育基地建设行动、教师教育师资队伍优化行动、教师教育学科专业建设行动和教师教育质量保障体系构建行动。

---

① 教育部.教育部等5部门联合印发《教师教育振兴行动计划(2018—2022年)》[EB/OL]. http://www. moe. gov. cn/srcsite/A10/s7034/201803/t20180323_331063. html.

综上,一系列政策举措的出台,目标均指向办好高水平、有特色的教师教育院校和师范类专业,健全教师培养培训体系,优化教师培养培训内容方式,提升教师综合素质、专业化水平和创新能力,为发展更高质量更加公平的教育提供强有力的师资保障和人才支撑。

2. 卓越教师培养与升级

近几年来,随着教师教育改革的持续推进,教师教育体系不断完善,教师培养质量水平稳步提升,但仍存在着教师培养与时代发展的适应性弱、针对性不强、课程教学内容和教学方法相对陈旧、教育实践质量不高、教师教育师资队伍薄弱等突出问题。为了进一步推动教师教育综合改革,实现教师培养质量全面提升,教育部启动了卓越教师培养计划,并于 2014 年 8 月出台《关于实施卓越教师培养计划的意见》(教师〔2014〕5 号)。[①] 该意见明确了实施卓越教师培养的目标要求,提出要坚持需求导向、分类指导、协同创新、深度融合的基本原则,重点针对教师培养的薄弱环节和深层次问题,深化教师培养模式改革,建立高校与地方政府、中小学(幼儿园、中等职业学校、特殊教育学校)协同培养机制,培养一大批师德高尚、专业基础扎实、教师教学能力和自我发展能力突出的高素质专业化中小学教师;要求各地各校要以卓越教师培养计划为抓手,整体推动教师教育改革创新,充分发挥示范引领作用,全面提高教师培养质量。

同年 12 月,教育部根据实施意见精神和申报遴选要求,立项公布了华东师范大学"德业双修的卓越中学教师开放式养成计划"等 80 个卓越教师培养计划改革项目,并明确了相关要求。[②] 一方面,要求有关高等学校高度重视卓越教师培养计

---

① 教育部. 教育部关于实施卓越教师培养计划的意见[EB/OL]. http://www. moe. gov. cn/srcsite/A10/s7011/201408/t20140819_174307. html.

② 教育部. 教育部办公厅关于公布卓越教师培养计划改革项目的通知[EB/OL]. http://www. moe. gov. cn/srcsite/A10/s7011/201412/t20141209_182218. html.

划改革项目实施工作,按照相关政策要求和项目方案,精心筹划,周密安排,在招生选拔、高校与地方政府和中小学(幼儿园、中等职业学校、特殊教育学校)"三位一体"协同培养机制、人才培养模式、教师队伍建设等方面进行综合改革,在经费投入、政策支持等方面提供有力保障,确保改革项目顺利实施。另一方面,要求各省级教育行政部门以实施卓越教师培养计划改革为契机,整体推动教师教育改革,充分发挥示范引领作用,全面提高教师培养质量;加强指导,加大政策、资金支持力度,并对参与改革项目的中小学在办学投入、教师队伍建设等方面给予倾斜。教育部对卓越教师培养计划实施效果进行定期检查,对实施成效显著的予以相关倾斜支持;对检查不合格者取消其卓越教师培养计划改革项目承担资格。根据文件精神,计划实施周期为 10 年,教育部成立专家委员会,并实行高校动态调整机制。各立项高校按照政策要求和项目方案,积极推进,确保卓越教师培养计划各项任务落到实处。

2018 年 9 月,为贯彻《中共中央国务院关于全面深化新时代教师队伍建设改革的意见》决策部署,落实教育部等 5 部门关于印发《教师教育振兴行动计划》(2018—2022 年)的通知(教师〔2018〕2 号)工作要求,根据《教育部关于加快建设高水平本科教育全面提高人才培养能力的意见》,教育部出台了《关于实施卓越教师培养计划 2.0 的意见》(教师〔2018〕13 号)。① 该文件进一步明确了"为谁培养人,怎么培养人,培养什么人"的问题,强调要围绕全面推进教育现代化的时代新要求,立足全面落实立德树人根本任务的时代新使命,坚定办学方向,坚持服务需求,创新机制模式,深化协同育人,贯通职前职后,建设一流师范院校和一流师范专业,全面引领教师教育改革发展。

与 1.0 版相比,2.0 版突出强调了要"通过实施卓越教师培养,在师范院校办

---

① 教育部. 教育部关于实施卓越教师培养计划 2.0 的意见[EB/OL]. http://www. moe. gov. cn/srcsite/A10/s7011/201810/t20181010_350998. html.

学特色上发挥排头兵作用,在师范专业培养能力提升上发挥领头雁作用,在师范人才培养上发挥风向标作用",并进一步明确了卓越教师的培养目标,即"教育情怀深厚、专业基础扎实、勇于创新教学、善于综合育人和具有终身学习发展能力的高素质专业化创新型"教师,1.0版中的"师德高尚"更新为"教育情怀深厚",1.0版中的"教育教学能力和自我发展能力突出"更改为"勇于创新教学、善于综合育人和具有终身学习发展能力",强调培养"创新型"教师。

与此同时,2.0版进一步明确了时间进度表,细化了5年的短期目标及2035年中长期的目标要求,提出了"骨干教师"、"卓越教师"、"教育家型教师"3个进阶式培养目标。除了卓越教师的培养目标外,相比1.0版本,2.0版还强调要"办好一批高水平、有特色的教师教育院校和师范专业,师德教育的针对性和实效性显著增强,课程体系和教学内容显著更新,以师范生为中心的教育教学新形态基本形成,实践教学质量显著提高,协同培养机制基本健全,教师教育师资队伍明显优化,教师教育质量文化基本建立"。从改革任务和重要举措看,2.0版重点增加了全面开展师德养成教育、深化信息技术助推教育教学改革、深化教师教育国际交流与合作以及构建追求卓越的质量保障体系这4方面内容,凸显新时代教师教育振兴发展,全面提升教师教育质量以及示范引领高素质教师培养的重要指向。

(二)"新师范"建设与教师教育创新

《关于全面深化新时代教师队伍建设改革的意见》及《教师教育振兴行动计划(2018—2022年)》出台后,根据中央精神,各地加快推进教师教育振兴行动,各校积极部署"新师范"建设举措,谱写新时代教师队伍建设改革新篇章,书写的"奋进之笔"开启了"教师教育"新纪元。

1. 各地教育行政部门的政策响应

2017年,广东省教育厅率先在全国提出"新师范"建设的概念,并于2018年初,出台了《广东"新师范"建设实施方案》,①涵盖十大重要举措和三大保障措施,从创新师范院校招生制度、人才培养模式、质量监测方式等方面,全面提升教师教育质量,着力建设广东特色的"新师范",打造教师教育的"广东新模式",以此作为对教育部等5部门联合推出的《教师教育振兴行动计划(2018—2022年)》的迅速回应。方案明确加大对师范院校的支持力度,如将2019年师范专业生均拨款标准提高到2018年的1.25倍;支持师范院校与地方政府、中小学协同创建教师教育改革试验区。

除了广东进行教改试验,各地教育行政部门也纷纷结合自身情况,根据教育部相关文件的精神,出台相应举措。江苏省针对本省师范教育存在的师范生生源质量下降、教师教育投入相对不足、管理与协同培养机制不畅、与教育现代化建设不相适应等深层次问题,并结合江苏基础教育改革发展日新月异的新要求,聚焦实际问题和发展目标,从理念方法创新和机制体制改革入手,围绕"做强、做优、创新教师教育,培养新时代创新型优秀教师",联合省发展和改革委员会等5部门推出了《江苏省教师教育创新行动计划(2018—2022年)》(苏教师〔2018〕9号),②并于2018年4月8日发文公布。

区别于广东省、江苏省,福建省在省委、省政府2018年9月25日印发的《关于全面深化新时代教师队伍建设改革的实施意见》中明确"大力振兴师范教育,全面提高师范生培养质量"的要求,③围绕加强师范院校建设、改革师范院校招生制度、提高师范生培养层次和质量三方面内容,提出具有地方特色和亮点的对策措施,

---

① 广东出台"新师范"建设实施方案[EB/OL]. http://www.moe.gov.cn/s78/A10/moe_1801/ztzl_jsjyzx/ssjz/gdbf/201804/t20180420_333791.html.

② 江苏省教师教育创新行动计划(2018—2022年)[EB/OL]. http://www.moe.gov.cn/s78/A10/moe_1801/ztzl_jsjyzx/ssjz/gdbf/201804/t20180420_333763.html.

③ 福建加大师范教育支持力度[EB/OL]. http://www.moe.gov.cn/s78/A10/moe_1801/ztzl_jsjyzx/ssjz/gzdt/201809/t20180926_349894.html.

强调深化体制机制创新和破解重点难点问题。其中,针对师范教育弱化问题,要求师范院校师范类在校生原则上应不低于全校学生的三分之一,以突出师范教育专业;提高师范生奖学金标准等举措,吸引优秀学生报考师范专业;明确师范专业生人均拨款标准上浮50%,以强化教师教育学科建设;对师范院校评估增列师范专业评估项目,开展师范类专业认证。

2. 部属、地方师范院校的实践探索

除了地方教育行政机构,各类师范院校也陆续响应,以期借助国家实施"教师教育振兴行动计划(2018—2022年)"的东风,总结经验,提升观念,推进实践,引领建构"新师范"体系。

作为我国教师教育改革发展的"旗舰",部属师范院校在探索"新师范"建设、引领教师教育改革中发挥着排头兵的重要作用。以华东师范大学为例,结合"双一流"建设方案,发展"新师范",实施基于一流专业教育和一流教师教育的"本硕一体化卓越教育培养模式",整体上提升教师教育层次和培养质量,打造全国教师教育人才培养的高地;开放教师教育培养体系,探索"开放"办师范,在师范生培养上淡化"免费"的概念;完善书院式养成教育模式,全过程推进德业双修,加强教师教育第二课堂与第一课堂协同的供给侧结构性改革,建立职前职后以及大中小学衔接的德育一体化机制,持续引领国家公费师范生培养改革和师德师风建设;以师范类专业认证为抓手,对接新课标、新课改和新高考,整体规划本科师范生培养方案和课程体系,高品质建设教师教育课程模块,高起点更新教师教育实验教学中心,确保本科师范生兼具与一流大学相匹配的专业学术水平和教师教育水准。

除了部属师范院校,地方师范学院振兴教师教育、推进新师范建设的一些创新举措和特色经验也颇具亮点。广东省肇庆学院立足师范院校,聚焦师范专业建设,着力提高师范生培养质量。依托广东省加大师范院校支持力度的系列政策举措,如提高师范专业生均拨款标准,单列考核师范院校,实施粤东西北中小学教师公费定向培养计划等。一是创新教师教育体制。学院提出"教师教育一体化,培养目标卓越化,三位一体协同化,协同育人开放化"的办学理念,设立了教师教育学院,全面整合校内资源,强化职前职后统筹职能。二是创新教师培养模式。学院按照强化师德修养,注重专业知识,突出师范技能,提升职业精神的要求,积极探索大类招生、二次选拔的模式,创立未来卓越教师班,形成了选拔制、小学期制、多学科制、双导师制、研修制、游学制为框架的卓越教师培养模式。三是推进教师教育协同育人。学院与肇庆市下辖的 7 个县区共建教师教育改革创新试验区和协同育人合作区,建立了 260 多个教育实践基地,每年选派 1600 多名师范生顶岗支教实习,实现了多方共赢。①

3. "新师范"建设的核心特征

"新师范"建设承担着推进教育现代化、建设教育强国、办好人民满意教育的历史使命。作为优秀师范大学的光荣职责,在推进"新师范"建设的进程中,有"研究型"、"开放型"、"服务型"、"引领型"、"智能型"五重努力方向。

一是研究型。提升师范生培养层次,逐步把重点从师范本科教育转向教育硕士和教育博士阶段的教育。多措并举,提升未来教师的文明传承能力和创新人才培养的能力,加强教师教育和教育研究之间的协同,高起点高水平启动"教师教育学"的学科建设,实现教师教育研究成果向教师教育实践的有效转化。

二是开放型。广泛吸引学业优秀且素质全面、专业兴趣浓厚且发展潜力强劲的优质师范生源;打破师范生和非师范生之间的身份壁垒,打通师范教育和非师范教育的专业疆域,为各专业学生中最适教者成为最乐教者和最善教者创造条件;充分利用各学科的优质教学资源和先进教育理念,助推教师教育水平和质量的提升;拓宽未来教师的国际视野,强化跨文化交流能力培养,着力打造能够在国

---

① 刘博智. 谱写新时代教师队伍建设改革新篇章[N]. 中国教育报,2019 - 02 - 16(1).

际环境中从教的未来师资。

三是服务型。教师"为人师表"需乐于并善于为学生和公众服务。培养"有理想信念、有道德情操、有扎实学识、有仁爱之心"的卓越教师和未来教育家,要把师德师风教育放在首位。在培养过程中倡导服务精神,教师教育的服务内容包括高质量地完成面向教师的岗位职前培养任务和职后培训工作;面向基础教育附属学校和其他关联学校的指导工作;面向全国的教师教育示范基地建设及对口支援工作;在教师教育实践的基础上,为全国教师教育事业做好实证调查、理论研究、决策咨询和质量评估等专业服务。①

四是引领型。将教师教育放在落实扎根中国大地建设一流大学的光荣任务的核心地位上,以建设"世界一流师范大学"为奋斗目标。加强一流教师教育专业建设和一流相关领域学科发展之间的联系,把"一流专业教育"与"一流教师教育"结合起来,推动两者在声誉资源和专业力量方面的良性互动,促进教师教育的内容创新、方法创新、理论创新和实践创新,以实现满足创新性国家建设需要,并胜任引领教育事业和引领教育改革事业的"新师范"教育使命。

五是智能型。聚焦专业素养、教师教育素养以及信息技术素养等三大素养,融通"一流专业+一流教育+一流智能",打造智能新师范,推进实现教育现代化,培养高层次卓越名师。一是推进"一流专业+一流教育"、"一流教育+一流智能"的深度融合。二是建立"本、硕、博"相贯通、"职前培养和职后成长"一体化的教师教育体系。三是实现"教师教育创新"和"基础教育改革"精准对接,"教育教学实践"与"教育科学研究"的能力和水平同生共长。

"培养未来卓越教师,用优秀的人去培养更优秀的人。"置身"两个一百年"奋斗目标的历史交汇期,"新师范"的建设,要牢记使命,推进教育内容、教育思维、教

---

① 童世骏. 打造新时代一流的教师教育[N]. 中国教育报. 2018-04-04(09).

育方法的现代性转变,以公费师范生为中心,以师范生的学习效果为导向,以全方位、全过程的师范类专业教学评价为推手,配置教育资源和组织课程,完善师范生实践实习和就业帮扶体系建设,实现师范类专业人才培养质量的持续提升。①

---

① 程建平.不断强化师范院校的教师教育办学特色[N].人民日报,2018-05-03(17).

第三章

从院校评估到师范类专业认证

培养人才是大学的基本功能，教育质量是人才培养的生命线。世界高等教育日益大众化、普及化，无论是政府还是公众都对高等教育质量表现出普遍关注。各个国家和地区在构建和完善高等教育质量保障体系方面都投入了大量的精力。我国高等教育质量保障工作正是在世界高等教育质量保障运动的大背景下发端并实现了符合国情的特色发展。教学评估工作是提高教育质量的基础性工作。本章通过梳理和辨析我国近 40 年高校教学评估工作的发展变革来探讨中国高等教育教学质量的管理和建设。

一、我国高等教育教学评估发展沿革

本科教学评估是大学人才培养质量保障体系的重要组成部分。根据学界的研究，我国正式提出"教学评估"这一概念，需要追溯到 1985 年 5 月的官方文件《中共中央关于教育体制改革的决定》，文件中明确指出："教育管理部门还要组织教育界、知识界和用人部门定期对高等学校的办学水平进行评估"。从这个被广泛认可的我国普通高校本科教学评估的真正起点算起，截至 2019 年，我国高校教学评估工作已经走过了近 35 年的发展历程。

（一）我国高等教育教学评估发展的历史梳理

陆根书等学者对我国教学评估发展历程进行分析，将我国改革开放 40 年来本科教学评估的发展历程划分为 5 个发展阶段，分别是：准备阶段（1985—1990）、探索试点阶段（1991—2001）、水平评估阶段（2002—2008）、合格评估阶段（2009 至今）和审核评估阶段（2013 至今）。[①] 刘振天则从评估规模、效果及其影响来判断，将水平评估和审核评估视为我国高校教学评估最为典型、最具代表性的发展沿革。[②] 为了更高效地说明我国高校教学评估在理念和实践上的重大发展，本书将从准备试点、水平评估和"五位一体"评估制度三个阶段梳理总结我国本科教学评估的发展演变。

1. 准备试点阶段（1985—2002）

1985 年颁布的《中共中央关于教育体制改革的决定》标志着我国官方首次引入办学水平评估理念，启动了高校教学评估工作。1985 年原国家教委发布《关于开展高等工程教育评估研究和试点工作的通知》，一些省市在部分工科院校启动了评估试点工作。1990 年 10 月原国家教委正式公布的第一部高等教育评估文件——《普通高等学校教育评估暂行规定》，则标志着我国高等教育评估工作开始走向规范。该文件明确规定了我国高校教学评估的性质、目的、任务、指导思想和基本形式，从而确立了我国高校评估制度的基本框架。1993 年 2 月，国务院颁布《中国教育改革和发展纲要》，明确要求制定各级各类学校的基本办学条件标准和

---

① 陆根书，贾小娟，李珍艳，牛梦虎，徐菲. 改革开放 40 年来中国本科教学评估的发展历程与基本特征[J]. 西安交通大学学报（社会科学版），2018,38(06)：19-29.
② 刘振天. 从水平评估到审核评估：我国高校教学评估理论认知及实践探索[J]. 中国大学教学，2018(08)：4-11,25.

质量标准,建立和完善教育监测评估和督导制度,把开展高等教育评估作为进一步建立新的高等教育运行机制的重大措施。1993 年 11 月,中国高等教育评估研究会成立,提出了选优评价、合格评价和随机评价三套指标体系,并针对不同类型的高校设置了评估方案。[①] 这标志着高等教育试点评估准备工作基本就绪,为后续高校有计划有组织地开始评估试点奠定基础。

接下来的几年,我国根据不同类型的学校及其特点,相继出台了一系列本科教学工作评估政策文件,为大面积开展本科教学工作评价提供依据。其中包括,1995 年原国家教委颁布的《首批普通高等学校本科教学工作评价实施办法》;1998年出台的《关于进一步做好普通高等学校本科教学工作评价的若干意见》;1999 年发布的《普通高等学校本科教学工作专家组工作指南》以及《普通高等学校本科教学工作评价考察要点》等。

值得一提的是,1995 年、1998 年相继颁布的《中华人民共和国教育法》、《中华人民共和国高等教育法》,把高等教育评估制度上升到了国家法律的高度,标志着我国高等教育评估制度建设进入法制化时期。《中华人民共和国高等教育法》明确指出:"国家实行教育督导制度和学校及其他教育机构教育评估制度","高等学校的办学水平、教育质量,接受教育行政部门的监督和由其组织开展的评估"。正是有了上述法律法规依据,合格评估、优秀评估和随机性评估等形式的评估在我国相继有序开展。[②] 1994 年国家对改革开放后批准设立的高校本科教学工作开展合格评估;1996 年开始对申请进入国家"211 工程"重点建设的高校本科教学工作开展优秀评估;1999 年起对其他普通高校本科教学工作开展随机性水平评估。这三种评估工作均持续到 2002 年,总计评估 254 所高校,其中以接受合格评估的

---

① 胡萍.我国高校教学评估二十年发展历程回顾[J].高等教育研究学报,2008(01):40-43.

② 刘振天.我国新一轮高校本科教学评估总体设计与制度创新[J].高等教育研究,2012,33(03):23-28.

高校最多。[①]

我国本科教学评估准备试点阶段持续了 10 余年,这期间的探索取得了积极的成效,包括:关于我国开展教学评估在思想和观念上取得了初步共识,评估的目的、特点、理论和方法都有了比较深入的探讨;初步构建起了三类评估指标体系,并形成了"以评促建,以评促改,评建结合,重在建设"的工作方针;探索了多层次、多形式、多类型的高等教育评估实践活动,取得了比较丰富的经验;凝聚了一支有一定水平的高等教育评估骨干队伍;改善了政府对高等教育的宏观管理,促进了高校教育质量和办学效益的提高;促进了本科教学工作中心地位的确立,加强了师资队伍、实验实习基地、课程、专业、学风等教学基本建设和规范了教学管理工作,不断深化人才培养模式、教学内容和课程体系改革,提高了教学质量。[②]

但在这个阶段,参与评估的高校总体上数量有限,离全面、系统化高校教学评估尚有差距;同时,教育部十个类别的评估方案在实施过程中因为区分度不明显、方案复杂等因素加重了评估难度,到 2002 年,十种不同的评估方案被废弃。总体而言,这十余年的探索为全面推进我国本科教学评估进行了积极有益的尝试,但还停留在准备试点阶段。

2. 水平评估阶段(2003—2008)

2002 年教育部发布《普通高等学校本科教学工作水平评估方案(试行)》,将合格评估、优秀评估和随机性水平评估三种方案合并为水平评估方案。2003 年起正式实施。2004 年在征求意见的基础上,正式发布了该方案的修订版——《普通高等学校本科教学工作水平评估方案(教高厅〔2004〕21 号)》。同时,2004 年颁布的

---

① 刘振天. 从水平评估到审核评估:我国高校教学评估理论认知及实践探索[J]. 中国大学教学,2018(08):4-11,25.
② 许晓东. 对本科教学工作评价规律性的探讨[J]. 高等教育研究,1998(06):62-65.

《2003—2007年教育振兴行动计划》明确提出"实行以五年为一周期的全国高等学校教学质量评估制度"。这标志着本科教学评估制度正式确立。2004年8月教育部高等教育教学评估中心正式成立。中心的主要职责被明确为：具体实施高校教学评估工作，开展高等教育评估研究和相关培训、对外交流等。这从组织和体制上使我国高等教育评估有了保障。

水平评估从2003年全面启动，截止到2008年6月，全国共有589所高校参加了本科教学工作水平评估。本轮评估"完成了我国自现代意义的大学建立以来，政府首次对高等教育的全面审视和考量，这是史无前例的举措，必将载入中国高等教育发展的史册"①。水平评估所取得的历史性成就有目共睹：高校软硬件水平（尤其是硬件水平）显著提升，政府部门和高校对教学的投入显著加大，各个高校的教学设施条件得到明显改善；高校教学中心地位得以加强，教学管理进一步规范，办学特色得到重视；社会各界增强了对本科教育质量的关注，院校更加重视自己的办学水平与质量，有压力也有动力地采取措施来提高人才培养质量；水平评估为当时的中国高校本科教学建设提供了一个可资遵守的"国家标准"，促进了政府转变教育管理职能，这对中国高等教育从精英教育向大众化教育转变的高校建设而言意义重大。总之，水平评估在一定意义和程度上实现了政策制定者和实施者的初衷，在世纪之交中国高等教育大发展大扩招的条件下，有效保障了高校教学的基本条件、基本秩序和基本质量，也激发了高校之间在办学资源、声望与质量上的良性竞争。

水平评估虽然取得了明显成效，但也带来了不少负面问题，批评主要集中在四个方面：第一，评估指标体系单一，分类指导功能较弱；第二，评估方式单一，过于依赖专家进校考察。随着评估在全国范围内的高速铺开，专家组队伍工作的专

① 李延保.中国高校本科教学评估报告（1985—2008）[M].北京：高等教育出版社，2009：6.

业化水平参差不齐,工作能力和主动性不均衡的问题也越来越多地被暴露;第三,评估结果区分度不够。参评的 589 所参评院校有 72% 的院校获得优秀,公众普遍感觉优秀率过高,这直接导致评估的信度和效度受到质疑;第四,评估后的改进功能十分有限。轰轰烈烈的专家进校考察结束之后,整改工作草草收场,很多发现的问题就此搁置。总之,经历过本轮评估的高校都记得当时的负面舆论,不同类型高校的评建工作开展和成效差别较大,相当比例的高校表示参评给全校师生带来了巨大的压力,对正常教学秩序多有干扰,评建过程中的形式主义和突击补材料等问题饱受师生诟病。

3."五位一体"评估制度阶段(2009—至今)

2008 年首轮高校教学工作水平评估完成后,从教育行政部门到高校都进行了深刻的总结和反思。新一轮评估的顶层设计就建立在这种深刻反思以及社会各方对评估功能的期待基础之上。

2010 年颁布的《国家中长期教育改革和发展规划纲要(2010—2020 年)》(以下简称《规划纲要》)明确提出要"健全教学质量保障体系,改进高校教学评估"。为贯彻落实《规划纲要》要求,全面提高本科教学工作水平和人才培养质量,促进高等教育内涵发展,教育部在总结以往本科教学评估经验的基础上,于 2011 年 10 月出台了《关于普通高等学校本科教学评估工作的意见》,明确提出要建立中国特色"五位一体"的本科教学评估制度体系,即"以学校自我评估为基础,以院校评估、专业认证及评估、国际评估和教学基本状态数据常态监测为主要内容"的教学评估制度(如图 3-1)。

"五位一体"评估体系的内容和基本形式主要包括五个方面:

第一,教学基本状态数据常态监测。每年采集反映教学状态的基本数据,建设完备的状态数据库,从而服务于政府对高校教学质量监控、服务于社会监督高校人才培养、服务于周期性评估和服务于高校自身改进教学工作。

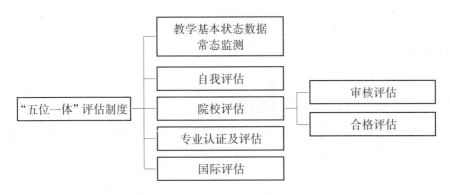

图 3-1 "五位一体"评估制度图示

第二,高校本科教学自我评估制度。根据学校确定的人才培养目标,围绕教学条件、教学过程、教学效果进行评估,包括院系评估、学科专业评估、课程评估等。

第三,分类的院校评估,包括合格评估与审核评估。对未参加过教学工作评估的新建本科院校实行合格评估,通过水平评估并且获得"合格"及以上评估结果的普通本科院校,以及参加合格评估获得"通过"的新建本科院校 5 年后须参加审核评估。合格评估重点考察学校基本办学条件、办学能力和教学质量,结论分为"通过""暂缓通过"和"不通过"三种。"通过"的学校 5 年后进入审核评估。审核评估重点考察学校办学条件、本科教学质量和办学定位、人才培养目标的符合程度,学校内部质量保障体系建设及运行状况,学校深化本科教学改革的措施及成效。审核评估形成写实性报告,周期为 5 年。2009 年,教育部启动了新建本科院校的合格评估。截至 2018 年底,全国有 630 余所高校参加了审核评估。

第四,专业认证及评估。在工程、医学等领域积极推进与国际标准实质等效的专业认证。要与行业共同制定认证标准,共同实施认证过程,体现行业需求,强化实践教学环节,并取得业界认可。

第五,国际评估。鼓励有条件的高校聘请相应学科专业领域的国际高水平专家学者开展本校学科专业的国际评估。探索与国际高水平教育评估机构合作机制，积极推进评估工作的国际交流，提高评估工作水平。

（二）我国高等教育评估发展的经验与思考

综观我国高等教育评估发展的历史，不难发现"五位一体"评估体系的确立的确是一次重大的制度创新。这一次重大变革不仅建立在国家教育主管部门对以往两个阶段评估模式利弊深刻总结的基础上，还建立在对国外先进管理和评估经验的借鉴和改造上。与以往评估相比，"五位一体"评估制度顶层设计的特点至少体现在 5 个方面：

系统性的全面整体设计。新设计将高校自我评估与院校外部评估、国内评估与国际评估、定期性评估与教学基本状态数据常态监测、教学整体评估与专业认证、政府评估与专门机构评估有机结合，以此构建全方位的人才培养质量保障体系。新设计很好地处理了自评与他评、形成性评价和诊断性评价、院校评估与专业评估的关系，使之成为一个互相联动的有机整体。

常态性教学质量监测。常态监测能有效克服周期评估外部性、周期长、突击性应对的弊端。结构完备并维护得当的教学基本状态极大地丰富了评估的内容和形式，使得评估工作可以更加便捷、可信地对高校日常办学状态进行持续监测。

分类指导。为了解决之前评估标准单一和僵化导致针对性不强和指导性不够的弊病，新一轮评估工作在制度设计上进行了分类，针对院校的评估分为合格评估和审核评估两个层级，还增加了深入育人内涵层面的专业认证。这就有效保障了"五位一体"评估体系在操作中的针对性和有效性。

持续改进。与以往评估不同的是，新的评估在制度设计上取消了评估等级，合格评估作为一种底线式的、最基础性的评估，只设通过、暂缓通过和不通过三种形式。面对 600 余所院校的教学工作审核评估,反馈意见和结论中不再给出具体分数,不分任何等级,仅仅给出写实质性评估报告,评估的主要目的在于为学校服务,为学校的办学现状把脉和诊断,给出学校持续改进工作和提高教学质量的建设性意见和建议。尽可能在制度上降低因为评估结论分等分级带来的功利主义,而把制度的形成性和诊断性功能发挥到最大。

管、办、评分离新机制。"五位一体"评估制度很大程度上改变了过去由政府主导和实施的局面,一方面中央向地方分权,扩大省一级教育行政部门在本地区高校评估中的统筹和指导权;另一方面政府向社会分权,有意识地培育和发展独立的专业评估机构,鼓励社会对学科、专业、课程等进行多种形式的评价。这从根本上有助于打造一个全新的分工负责、相互竞争合作的新格局。①

但是,"五位一体"的评估体系还处于实践探索阶段,随着工作的深入,也出现了一些值得反思和改进的地方。以审核评估为例,综观五年来的实施情况,以下四个方面的问题引起了高教界的关注:第一,审核评估的内涵有待进一步拓展、明晰。审核评估"五个度"的理念具有先进性,但判断标准是什么? 如何区分等级? 院校自评强调"用自己的尺子量自己",尺子的松紧标准"仁者见仁,智者见智",暂时还没有可操作性的规定。第二,评估专家的素质直接影响评估质量。"谁来评"是评估成功与否的核心要素。从某种意义上来讲,审核评估对专家组队伍的依赖程度高过之前的任何评估。如果没有一支相对稳定的高素质专业化专家队伍,评估的结论的可靠性和有效性难以保证。第三,大数据分析在评估中的运用有待进一步加强。如何发挥教学基本状态数据库中的海量数据的诊断功能和价值有待考量。第四,审核评估整改环节必须进行有质量的落实。整改阶段形成教学质量管理闭环的核心,从某种意义上来讲专家给出意见和建议之后的整改才是整个审

---

① 刘振天. 整体设计教学评估书写质量保障体系建设新篇章[J]. 中国高等教育,2012(21): 14 - 17.

核评估工作最应该关注的重头戏。如果整改流于形式，那审核评估的作用和意义很可能走上水平评估的老路。

总之，"五位一体"的评估体系目前还处在实践探索阶段，还需要在行动中解决评估标准参照系统模糊、评估专家遴选和培训制度建设、教学基本状态数据库应用功能开发、评估结果引领未来建设等关键问题。相信随着五方面工作的不断深入，高校质量保障体系建设也能发展到新的高度，从长远来看，其意义和价值值得期待。

二、 师范类专业认证的产生

综观我国高校教学评估实践的每一步发展，无论是宏观还是微观，我们都可以发现"院校评估——专业评估——专业认证"这样一个清晰的发展脉络。从评估聚焦学校的整体办学发展水平，到评估深入检测人才培养最基本单元——专业的各个要素，从各个高校的专业建设质量自我诊断，到有明确专业标准的、国际通行的专业认证，这一发展脉络不仅深刻体现了中国高校在高等教育质量观上的理念进步，更折射出了中国高校在教学质量保障上不断深入内涵，在实践中朝着标准化、精细化、系统化的方向稳步前进。

（一）从院校评估到专业评估

根据本章第一部分关于我国高等教学评估发展沿革的梳理，我们不难发现，从 1980 年代开始的各类评估准备试点到 2008 年完成的第一轮水平评估，从质量保障形式上看，多是从外部规范学校的总体发展，聚焦于院校，尚未深入到对某一个专业做系统、深入细致的研究诊断。

　　事实上专业教育是现代高等教育的基本特征。在现代大学中,专业是依据确定的培养目标设置于高等学校的教育基本单位或教育基本组织形式。我国现行的学校制度将专业视为一个教学管理实体,由教师、学生和教学资源组成,是推进教育教学改革和提高教学质量的立足点和集合体。可以说,专业是高校最基本的办学单元。专业教育质量的保障是高校整体办学质量保障的基础。在高校内部,基于专业的教育教学评估是检视专业建设,判断专业办学质量,促进专业发展的有效途径。

　　鉴于专业建设在高校办学中的基础性和根本性地位,各个高校无论是内部管理需要还是办学声誉建设都会高度重视校内各个专业的办学质量。在国家层面并没有形成大规模的针对专业层面的教学质量评估的背景下,各个学校也在探索针对专业的教学质量评估。毋庸置疑,以本科教学工作水平评估为代表的来自外部的院校评估在一定阶段的高等教育实践中发挥了积极效应,显示出的优势包括标准的系统性、客观性和全面性,评估过程的客观性以及评估结果的相对公正性等。但随着外部院校评估的推进,很多问题也逐渐暴露出来,评估针对“院校”,难以深入到各个专业的层面,难以调动专业的质量建设积极性;评估来自“外部”,周期性的评估也可能导致运动式的工作状态;其“静态”特征的存在,使得评估无法真实反映各个专业发展趋势;基于“结果”的评估,虽然也能较全面地反映教学工作的各个方面,但是一些关键因素没有体现出来,很难深入挖掘“结果”背后的原因,无法起到帮助和督促专业教育质量改进和提升的作用。①

　　在此背景下,高校专业发展呼唤自我诊断体系的出现,迫切需要系统地建设“非利益相关性”的高校内部“自评机制”,在此基础上,再与外部评估对接。由此,各个高校也建立起了校内专业评估制度。例如,华东师范大学于 2009 年启动校

---

① 王玉琼,万明霞,戴立益.普通高校本科校内专业评估体系研究[J].教师教育研究,2013,25(05):11-17.

内专业评估的探索,经过近 10 年的探索,成功构建了"低重心、常态化、开放式"的专业评估制度。① 经实践检验,就专业层面而言,专业评估制度帮助各个专业负责人和师生进一步明确了办学思想,强化教学管理,形成专业特色。针对学校办学能力提升,专业评估制度通过咨询与研讨,有效研判形势、找准问题、探索规律、达成共识,为学校提供决策依据,从而完善学校资源投入与管理机制,有效提升学校质量监控系统的执行力。

(二) 从专业评估到专业认证

各个高校自发组织的专业评估从理论到实践上的探索取得了很多积极的成效。但更为严谨、科学的专业认证制度则是专业评估制度的有效升级保障。

专业认证制度是一种在国际上行之多年、得到广泛认可的保障和提高专业教育质量的手段。学者董秀华研究指出,院校认证是为了证明整所学校的教育质量,但专业认证全然不同。专业认证强调认证的对象是专业性的教学计划,专业认证重点关注那些被公认为进入某特定专业或职业做准备的教育计划的质量。通常主要由非政府性质的院校、专门职业和特定领域的专业人员联合会等,通过认证对达到或超过既定的教育质量标准的专门职业性教学计划进行认可,并协助专门职业性的教学计划进一步提高教育质量。② 范爱华则把专业认证界定为一个由第三方对高校或其所设专业实施的一种社会公证,通过第三方认证机构提供的认证证书,使有关方面确信经认证的产品或质量管理体系符合规定的要求,是一种资格认定,更是保障和提高高等教育质量的一种方法和途径。通过认证,对达到或超过既定教育质量标准的高校或专业给予认可,并协助院校和专业进一步提

---

① 王玉琼,戴立益,雷启立,黄欣. 基于专业评估的本科教学持续发展与质量保障机制建设研究——华东师范大学的探索与实践[J]. 上海教育评估研究,2015,4(04):49-53.
② 董秀华. 专业认证:高等教育质量保障的重要方法[J]. 复旦教育论坛,2008(06):33-38.

高教育质量。①

我国高校专业认证是在总结以往评估的基础上,借鉴了欧美发达国家的经验而发展起来的。2006 年 3 月教育部启动了工程教育专业的认证工作,先后在机械工程与自动化、电气工程及其自动化、化学工程与工艺、计算机科学与技术四个领域分别成立试点工作组,制定试点办法和章程,完成了 8 所学校的认证试点。2007 年,教育部又将试点认证的范围扩大到包括电气类、计算机类和环境类等在内的 10 个专业。这些举措在某种程度上是国家应对加入 WTO 后工程与教育面临的严峻国际竞争形势所采取的重大策略。2016 年 6 月,中国科学技术协会代表我国正式加入《华盛顿协议》,成为第 18 个会员国。通过认证专业的毕业生在相关国家申请工程师执业资格时,将享有相关国家毕业生同等待遇。时任教育部高等教育教学评估中心主任的吴岩在讲话中曾明言:"正式加入《华盛顿协议》,标志着我国高等教育对外开放向前迈出了一大步,我国工程教育质量标准实现了国际实质等效,工程教育质量保障体系得到了国际认可,工程教育质量达到了国际标准,中国高等教育真正成为了国际规则的制定者,与美国、英国、加拿大、日本等高等教育发达国家平起平坐,实现从国际高等教育发展趋势的跟随者向领跑者转变。"②

专业认证之所以成为高等教育质量保障的重要方法,关键在于通过严格的专业认证可以尽可能地确保各级专业人才的水准和质量。专业认证的前提是有明确的专业标准,通过认证判断专业是否达到既定标准的资质,从而向利益相关者或者社会公众展示办学实力。专业认证通常由政府授权的独立第三方专业机构实施,专家成员需具备专业领域的知识,有专业精神和评估经验,是真正的领域"专家",有了这些资质才能保证专家组对专业办学的把脉是精准的且有建设性

---

① 范爱华.专业认证与专业评估之辨析[J].黑龙江教育(高教研究与评估),2007(11):90-92.
② 何菁菁.我国工程教育实现国际多边互认[N].《中国教育报》,2016-03-09.

的。根据国际经验,专业认证通常由办学机构自发申请,动力多为自我证明,获得与职业资格相关的证明,而不是强制性行政命令。国外的实践表明,专业认证大多从公众健康、工程、法律、师范等相关的专业开始,因为这些专业的职业能力必须得到质量保证。我国目前开展的专业认证专业也大多是从工程类、医学类、师范类、法学类专业开始试点的。

(三) 从专业认证到师范类专业认证

有好的教师,才有好的教育。教师质量目前依然是教育质量提升的突破口,也是教育质量改进的短板。2017 年 10 月,教育部印发了《普通高等学校师范类专业认证实施办法(暂行)》,这标志着师范类专业认证在全国范围内广泛推行。这是建国以来我国首次组织师范类专业认证,其意义重大。

首先,开展师范类专业认证是国家提升教师教育质量的重大战略要求。2017 年 9 月世界银行发布的《2018 年世界发展报告:学习——实现教育的承诺》(以下简称《报告》)指出,全球教育中学习面临危机,而学习危机产生的直接原因之一是教师往往缺乏进行有效教学的技能或动力。教师是影响学生在校学习效果的最重要的因素之一。在基础教育发达的芬兰,教师往往来源于那些成绩最优异的学生。反观我国,近代以来教师教育体系不仅经历了数次重大变革,总体上还呈现出削弱的态势,当前提升教师教育质量是国家发展的重大战略要求。我国教师教育的历史开始于 120 年前,我国师范教育在中华民族"内忧外患"时期发端;建国初期基本形成相对独立的社会主义师范教育体系;20 世纪 90 年代以来,高校经历了扩招和综合化发展,师范教育体系受到冲击和削弱;2000 年教育部开始实施《教师资格条例》实施办法,该办法使得综合性大学培养的学生也可以通过参加考试获得教师从业资格,很大程度上改变了只有师范类专业才能培养教师的格局,在全国范围内推动形成了更为开放的教师教育体制;2011 年教师资格实施国家统考之后,四年师范类专业的学生也需要参加统考才能获得教师资格,师范类专业的生存在一定程度上陷入了危机;2017 年国家开启师范类专业认证时代,希望能通过建立开放、协同、联动的现代教师教育体系,促进教师培养质量的不断提升。教师培养质量的提升事关国家基础教育师资来源,是重大的国家战略。

其次,开展师范类专业认证是建设中国特色教师教育体系的重要举措。本书第一章已经对中国特色的教师教育体系进行了概括,即"基于教师专业发展理念而建立的以师范院校以及综合性院校师范专业为主体的职前教育和结构化的科学的在职教育体系共同组成的教师培养体系"。从教师教育语境来看,师范教育必须对接在职培训、培养,换言之,这两个阶段必须实现无缝对接。因而,职前教育必须基于教师教育的全过程进行设计:预留接口、凸显阶段性和发展性;职前教育必须严格管控,进而为在职培训、培养奠定基础。从这一角度来看,师范教育的质量保障必须是标准化的和制度化的。从教师个体的专业发展语境来看,教师专业发展是一个持续发展过程,其中不仅包括专业知识、专业能力、专业情感、专业理念、专业道德等方面,还包括专业自我(专业职业生涯),而从这一过程来看,几乎所有的发展都萌芽于师范教育阶段、初步形成于师范教育阶段,如果这一阶段出现了"木桶效应",教师的专业发展必然受到影响。因此,无论从哪一个角度来看,职前教育即师范教育的标准化、规范化,都是一个应然的趋势。

我国的师范类专业认证针对不同类别的师范院校的基本质量状况实施三级监测认证,体现了分类管理的思想。一些办学历史长的师范院校,已经形成了完善的培养体系,赢得了广泛的社会认可。这些高师院校的师范教育在招生环节、培养过程、质量要求等方面已经涵盖甚至超过了教师资格的基本标准。对于这些高校,重点精力是放在卓越教师培养上,学生不参加统一的教师资格考试,可使这些高校放开手脚,将精力放在特色培养、教学改革和质量引领方面,有效提高这些高校的师范教育办学活力。对一些高校来说,在师范教育培养体系还不十分成熟的情况下,通过基本检测、合格认证达到把好脉、开好方、施好治的效果。师范类专业认证也体现了行政部门简政放权、放管结合、优化服务的理念,通过师范类专业认证,激发广大教师教书育人的积极性和主动性,共同致力于为中国特色社会主义新时代培养合格及卓越的教师,同时让教育行政管理部门回归监管和指导的角色定位。

最后,开展师范类专业认证是各校提升师范类专业质量的内在需求。系统地看,当前师范类专业建设面临的问题众多,主要包括以下几个方面:第一,办学条件参差不齐。由于多种原因,师范类专业曾经一度遭遇寒潮,部分师范院校企图去"师范化"——甚至部分以师范为班底的学校最终完全废止了师范类专业。部分学校对师范类专业的投入大大减少,无论在学科建设还是队伍建设上。由此也导致了师范类专业的办学条件基础不一,甚至有部分院校的办学条件仍然停留在几十年前的水平上——课程体系陈旧、教师队伍老化、相关硬件设备远远滞后。因此,推动办学条件的提升,为师范生的培养奠定坚实的基础,是开展师范教育的当务之急。而以"认证"促建设,则是一个良好的契机。当然,并非一"认"解决所有问题,还必须借助认证体系的监控功能,依托教师教育质量监测平台,建立基于大数据的师范类专业办学监测机制,对各地各校师范类专业办学基本状况实施动态监测,为学校出具年度监测诊断报告,为教育行政主管部门提供监管依据,为社会提供质量信息服务。第二,师范生培养过程缺乏有效的管控,质量参差不齐。在学科评估的驱动下,师范教育的硬性指标得以强化,而那些难以监测的师德师风、教学技能、教学态度等指标在师范教育培养中日渐弱化。部分院校尤其是综合性大学,在师范培养方案上,并不符合当下教育大环境①,其课程设置、教学方法、教育实习安排、学生评价等环节,都存在较大问题,这种模式下培养出的师范

---

① 高有华,韩亚红.专业化 20 年后的教师教育课程体系状况调查及改革对策——以江苏省 5 所院校教师教育专业课程设置调查为例[J].内蒙古师范大学学报(教育科学版),2015,28(07):93-95.

生,很难适应社会的需要。因此,必须建立基于教学质量标准的认证,立足教师专业标准和教师教育课程标准,以认证为手段,促进涉"师"院校和专业大力开展教学体系改革,进而实现教师教育内涵式发展,强化教师教学责任和课程目标达成,建立持续改进机制,保证师范类专业教学质量的达成。

三、 认证背景下师范类专业建设质量提升

师范类专业认证开启了中国教师教育改革的新阶段。只有正确认识认证背景下高等教育质量保障发展的新趋势以及认证对师范类专业建设质量提升的新要求,高校和教师才能解放思想,积极谋划改革发展,做好新时期师范类专业的改革和建设。

(一) 认证背景下高等教育质量保障发展新趋势

高等教育正逐渐步入普及化阶段,世界各个国家和地区都在积极构建和完善高等教育质量保障体系。从国际经验与中国探索来看,现今高等教育质量保障的发展显现出以下几个趋势:

第一,在观念上,"学生中心、产出导向、持续改进"的高等教育质量评估理念逐步深入人心。"以学生为中心"作为一种教育教学理念早已存在于包括基础教育和高等教育在内的各个学段,但作为高等教育质量评估与保障指导思想却是近些年才逐渐形成的。2015 年版的《欧洲高等教育区质量保障标准与指南》(European Standards and Guidelines for Quatity Assurance in the European Higher Education Area,ESG)明确提出注重"以学生为中心"。澳大利亚和新西兰则规定审核评估项目内容要包括学生"报考——入学——毕业——求职"整个学

习周期涉及的所有事项,确保学生在该学习周期内都有可参照的标准,要求高校对学生的整个学习周期作及时、准确、完整的记录,并对学生的各种权利进行充分保障,真正落实"以学生为中心"的理念。学生的发展情况,尤其是学生学习体验、学习成效是当前许多国家与地区高等教育质量评估中的重点考察项目。

现阶段中国高等教育质量保障的基本理念也在强调:一是以学生为中心(Student-centered),强调对学生学习成果的评价、教师水平以及学习资源对学生学习的支持;二是产出导向(Outcome-based Education),质量标准以产出而不是投入为标准,针对学生学习效果对培养目标的达成度进行定期评价和证明;坚持行业企业的深度参与,建立各利益相关者广泛参与的质保体系;三是持续的质量保障(Continuous Quality Improvement),强调教育质量的持续改进与提升,评价结果用于质量监控等。可见,学生中心、结果导向、注重过程、持续改进是中国高等教育改革与国际共同的理念,且代表了世界高等教育质量保障发展的共同潮流。

第二,在体系建设上,外部质量保障和内部质量保障互相促进,互为支撑,逐步发展成为有机整体。高等教育质量保障体系通常可以分为内部教学质量监控体系和外部教学质量监控体系。通常情况下,外部质量监控体系是由政府部门或社会团体主导从而对高校进行监督、评估、问责和协助的制度化活动。从世界各国的做法来看,政府部门依然在高等教育质量保障中扮演重要角色,具体发挥的作用在直接管控和宏观调控之间调节,力求在大学的办学自主权、政府监督和社会参与之间找到一个平衡点。例如高等教育强国美国的外部质量保障主要由院校认证、专业认证、学术审核和大学/学科排名等项目组成,联邦教育部(USDE)、全国高等教育认证理事会(CHEA)不直接参与认证工作,而是交由其认可的认证组织具体负责。[1]

---

[1] 别敦荣,易梦春,李志义,郝莉,陆根书. 国际高等教育质量保障与评估发展趋势及其启示——基于11个国家(地区)高等教育质量保障体系的考察[J]. 中国高教研究,2018(11):35-44.

在外部评估、社会问责、大学排名等压力下,高校内部质量保障机制不可避免地要对外部质量保障活动做出回应。如今,关注内部质量保障体系已经成为高等教育改革的普遍趋势。世界发达国家高校的内部质量保障建设已经进入一个系统化、精细化、标准化的阶段。相比之下,中国高校的内部质量保障体系建设水平参差不齐,特别是在寻找有效保障机制上仍然处在探索阶段。[①] 2015 年《教育部关于深入推进教育管办评分离促进政府职能转变的若干意见》已经提出,政策和制度应该积极引导和支持高校发挥自身在教育质量保障中的主体作用,并通过体系和机制的完善,帮助高校实现办学特色的树立和完善。评估制度中,对于"高校内部质量保障体系建设"要求"引导"高校建设内部质量保障体系,而审核评估要"强化"内部质量保障体系建设,"五个度"的质量标准更要考察"高校内部质量保障运行的有效度"。在"五位一体"评估制度里,高校内部教育教学质量保障机制的建设与实施是外部质量评估的重点考察项目之一。相信随着审核评估的不断深入推进,大学对人才培养质量的深刻反省将越来越成为大学的自觉行为,形成一种质量文化。高校"教学质量保障体系运行的有效度"的工作理念深入人心,中国高校的内部质量保障体系建设在理论层面和实践层面都会迎来创造性的发展。因此,外部质量保障与内部质量保障要相互支撑联动,成为有机整体。

第三,在评估重点上,高等教育质量保障和评估日益深入到专业、课程、学生等基本元素。与院校认证是考察整所学校的教育质量、办学水平不同,专业认证深入到高校内部最小的办学单元。专业是高等学校人才培养的最基本单元,直接决定着人才培养质量。一所一流大学在人才培养方面一定是由若干一流专业组成的。对专业开展人才培养工作进行认证和评估可以极大地促进高校把人力、物力等资源聚焦到学生培养上,真正改进教学工作,提高教学水平,让学生、用人单

① 宋伟新. 国际与中国高等教育质量保障的新进展与发展方向——基于"高等教育质量保障:国际经验与中国探索国际研讨会"的分析[J]. 教育探索,2016(12):51-56.

位和社会各方受益。专业认证不仅要考察每一个专业的办学效果,而且需要考察人才培养的过程和方法,通过设计一系列彰显质量、过程、特色的内涵性指标,深入剖析一个专业在办学过程中存在的具体问题。

课程教学是人才培养过程中最为关键的环节,也是当前世界主要国家和地区高等教育质量评估中的重点。英国高校特别重视对课程的质量把控,通常每门课程都要接受定期评估和年度评价,课程所在的院系负责人将组织教师同行和学生对所授课程开展定期评估。日本文部科学省 2017 年推行的一项"课程政策"要求高校规划每一门课程的目标,确保学生在课程结束之时能达到该门课程所欲培养的专业能力。[①] 我国教育部高教司司长吴岩在 2018 年 11 月"第 11 届中国大学教学论坛"上发言多次强调"课程是人才培养的核心要素,学生从大学里受益的最直接、最核心、最显效的是课程"。专业认证要求建立课程体系和最终学习成果之间、每门课程和专业毕业要求之间的"矩阵表"。课程是培养目标实现的具体支撑。只有当每门课程的具体内容及其传递方式有效对接培养目标中的知识、能力等要求时,培养目标才能真正落到实处。

将高等教育质量保障和评估的重点聚焦于专业、课程、学生等基本元素,是对教育本质的回归,也是真正实现推动高等教育内涵发展的科学可行路径。

(二) 认证背景下的师范类专业建设质量提升

对标专业认证"学生中心、产出导向、持续改进"的核心理念,我国现阶段师范类专业的办学现状亟须改革:首先,培养目标的同质化严重,科学性不足。目前师范类专业的培养目标由高校参考专业教育目标制定,很多表述较模糊,不够清晰。制定者对基础教育实践调研不充分,对基础教育师资培养需求的关注

---

① 别敦荣,易梦春,李志义,郝莉,陆根书. 国际高等教育质量保障与评估发展趋势及其启示——基于 11 个国家(地区)高等教育质量保障体系的考察[J]. 中国高教研究,2018(11):35-44.

度不足。关于培养目标是否达成也缺乏可操作的标准。第二,课程体系对培养目标的支撑不够。师范类专业的课程设置以及教学活动的实施应围绕专业知识技能和专业价值观等方面合乎逻辑地展开,才能有效地培养合格教师。目前师范类专业的课程设置中,"成熟"的传统课程居多、学术性课程居多,但与基础教育实践联系密切、兼顾师范性和学术性的课程不足。课程重复交叉,课程之间逻辑关系不明晰等问题在一定程度上存在,这些都影响着教育质量的提升。第三,"以学生为中心"的理念在培养过程中体现不足。现今的师范类专业教学仍旧没有走出教师从学科知识体系设计教学的老路。高校课堂教学的主流形态仍旧是教师主讲,学生沉默,师生深入有效互动严重不足。对于师范生培养极其重要的实践教学也因实践机会有限,教师指导数量和质量的不足而导致效果不佳。第四,质量保障体系尚不完善。无论水平评估还是审核评估,都未能及时诊断与修正师范类专业建设中的问题。质量保障体系更多还是在旧有习惯性轨道上依惯性运行。

尽管以上四个问题未必是师范类专业独有的问题,也普遍存在于当今我国高校各类专业建设过程中,但认证背景下的师范类专业建设有望以参加认证为契机,全面推动内涵式发展。

第一,重构专业培养目标体系,提升培养目标的适应度和可检测度。培养目标是指各专业人才培养的具体质量规格要求,在人才培养过程中发挥着重要的导向功能。师范类专业认证强调培养目标与学校办学定位、办学条件以及社会人才素质需求相符合,目标内容表述明确清晰。高校师范类专业构建合理明确的培养目标体系,首先要充分考虑学校的办学定位、办学传统和办学条件;师范类专业培养目标在学校办学条件的能力范围之内,才能更好地促进培养目标的实现。其次,根据师范生毕业要求调整培养目标;高校在研究专业培养目标时,一定不能将眼光仅局限于高校内部,必须认真研究基础教育的发展及其对教师能力素质的需求,认真与基础教育互动,深入了解基础教育的教师专业标准,找准师范生毕业素质要求,之后再将毕业生素质要求与培养目标一一对应,形成科学合理清晰的专业培养目标体系。第三,明确了毕业要求与培养目标的对应关系之后,要对目标进一步细化,将每一个目标分解成可操作、可测量的子目标,这样才能保证在培养方案实施过程中各个专业不是在碰运气,而是所有教师、所有课程都在根据顶层设计有序完成每个目标。

第二,打造以学生为中心的课程教学体系,明晰课程体系对培养目标的支撑度。根据专业认证的要求,课程体系支持培养目标的达成并满足毕业生的能力需求。针对师范类专业建设,人才培养方案必须紧密对接未来合格教师的能力素质需要。为此,首先,要确保课程设置的整体性和系统性。每个专业的培养方案是一个有机的整体,每门课程都在专业培养目标实现中发挥着不同的作用,开设顺序需符合学生学习的逻辑。每位教师在开课之前,都应深入学习了解培养方案的整体课程设计,找准个人所负责的课程在整个课程体系中的位置和功能,从这样的整体视角出发设计好自己的课程。二是在教学过程中,要关注学生的学习体验。教师教学的重要基础工作是研究学生,准确把握学生的学习特点,熟悉未来教师专业成长的需求和规律。在研究好学生之后,根据培养目标及其子目标的要求,进一步明晰任教课程的教学目标,组织好教学内容,找到最合适的教学手段方法,进行科学的教学评价,只有经过这样的课程设计和实施才能实现每门课程的培养目标。第三,师范类专业课程设置要着眼未来教师能力素质,处理好培养内容的价值选择。"要达到较为理想的培养效果,师范大学就必须在教育知识与教学技能之间、学科专业与教育职业之间、教育信念与教育能力之间做出选择。"[1]如何通过科学动态调整比例来平衡课程设置,实现师范生教育价值,是一个关于师

---

[1] 戴立益.师范生培养:内容、过程与保障[J].教师教育研究,2011,23(05):1-5.

范生培养常谈常新的主题。

第三,建设全方位的师范生养成教育体系,有机融通专业教育和师德养成。师范类专业教育以培养未来教师和教育家为目的。师范生从入学的第一天起就开始学习如何做教师,因此通过全学程的指导帮助师范生不断升华教育理想和信念尤为重要。针对师范生培养中"重知识传授轻德性养成,重技能培养轻价值引领"的普遍现象,教育界同仁都认识到了师范生养成教育的重要性并开展了各种实践探索。例如,华东师范大学通过创办师范生住宿书院,与专业院系协同育人,将师德养成与专业学习无缝对接。书院通过社区德育活动、立体化导师制度、多样化的博雅教育以及多学科融合的宿舍文化,将师德养成融于课堂学习之中,融于日常生活之中,融于同侪交往之中,既提升了学生个人素质,又加强了师德修养和职业认同。同时,高校要积极进行顶层设计,建设高校与基础教育互惠双赢的互动机制,鼓励高校教师参与基础教育研究和教育实践,也鼓励基础教育优秀师资参与师范生实践指导。

第四,建立持续改进的教学质量保障体系,打造追求卓越的质量文化。师范类专业认证强调聚焦师范生核心能力素质要求,对专业人才培养活动进行全方位、全过程的跟踪与评价,并将评价结果用于人才培养工作改进,形成"评价——反馈——改进"闭环,通过持续改进的质量保障机制,促进师范类专业人才培养质量不断提升。建立质量保障机制的本质是促进专业形成追求卓越的质量文化。人才培养最终又需要落实到具体课程或实践活动中,因此质量文化的建立过程其实是帮助每位教师、管理者和学生树立质量意识的过程。在推动质量文化建设的过程中,设置专业首先需要树立标准意识,不仅要对师范类专业认证标准进行充分研究,还要在此基础之上,结合本专业特点,建立各教学环节的具体质量标准;要充分重视自我评估,引导教师对课程成效进行自我评估、学生对学习成效进行自我评估、专业对培养成效进行内部评估,形成全员关心质量、重视质量的良好氛围;要强化持续改进的管理机制,明确质量持续改进的措施和目标,完善管理制度和引导激励措施,使持续改进成为每位教学参与者的共同目标;聚焦学生学习成效的内部教学质量常态化监测和毕业生持续跟踪反馈机制都是认证时代师范类专业教学质量保障体系的应有之义。

第四章

教师资格与师范类专业认证

作为教师教育改革的重要内容,教师资格制度发展和完善不是一个简单的问题,它对一个国家来说具有象征意义,它代表了一个国家教育发展的水平。[①] 教师资格制度因其在保障教师质量方面所表现出的不可替代性作用,备受世界各国的重视。促进教师专业化发展是贯穿教师资格制度的一条主线,这在国内外的教师资格制度的演变过程中得到印证。本章进一步分析我国教师资格制度的特点及其实施效应,厘清教师资格制度与教师职前、职后教育之间的关系,明确师范类专业认证对教师资格制度的重要作用与现实价值。

一、 教师资格制度的国际探寻

教师资格也称教师的任职资格,是一个国家对打算进入教师队伍,准备充实教育教学工作的人员的最基本要求。它规定着从事教师工作必须具备的基本条件,也就是最低任职标准。[②] 教师资格制度是一种国家法定的职业许可制度。只有具备法定条件和专业能力,经认定合格的人才可以取得教

① 朱旭东.教师资格制度相关问题研究[J].河南大学学报(社会科学版),2009(07):128.
② 褚宏启.论教育法的精神为了人的自由而全面的发展[M].北京:教育科学出版社,2013:237.

师资格、从事教师职业，因此它是国家为公民进入教师行业设置的第一道门槛[①]，教师资格制度不仅能够确认教师必须拥有的教学知识和技能，还可以保障教师的社会地位和法律地位。为保障教师的专业发展和教学工作的专业水平，世界上大多数国家都非常重视教师资格制度，根据各自的国情采取了与之相适宜的教师资格制度，并加以严格实施、逐步发展、完善。

（一）发达国家教师资格制度概述

教师资格制度的实施比较复杂，不同的国家有不同的特点，基于这项制度的时间性、完备性、严格性等因素的综合考量，重点对美国、日本、澳大利亚、英国、法国等国家教师资格制度实施情况进行简要介绍与说明。

1. 美国教师资格制度

美国是世界上最早实行教师资格制度的国家。1825 年，美国俄亥俄州在世界上最先对教师进行考核，通过者由教育主管部门颁发合格证书，教师资格制度由此而诞生。[②] 在美国，各州的教育行政部门和学区行政当局是颁发教师证书的主要权力机构，它们根据教师的职责范围颁发各种不同的教师证书[③]，美国教师资格证书大致可以分为普通教师资格证书和特殊教师资格证书两种。

普通教师资格证书是指学校中具有正式资格的教师所持有的资格证书，可以根据证书适用的年龄或年级阶段、学科内容、不同工作岗位以及等级进行划分。按照年龄阶段和年级水平划分，各州的具体情况不尽相同，比如北卡罗来那州，分为中学教育、小学教育和学前教育三种类型的教师资格证书；比如北达科他州和纽约州，仅分为中学和小学两个阶段。按照学科内容进行划分，绝大多数州的教

---

① 付世秋等. 教育政策法规与教师职业道德[M]. 北京：清华大学出版社，2016：26.
② 李广平. 从国际教师资格制度的发展趋势看我国教师资格证书制度的完善[J]. 外国教育研究，2004(03)：40.
③ 褚宏启. 论教育法的精神　为了人的自由而全面的发展[M]. 北京：教育科学出版社，2013：37.

师资格证书是按照教师申请执行的教学科目颁发,如:艺术、外语、音乐、新闻、数学等。按照工作岗位的不同进行划分,一般分为教学和管理两大类,比如宾夕法尼亚州将教师资格证书分为教学证书(课堂教学)、教育专家证书(非教学)、督导资格证书、管理者资格证书、职业证书和本州外毕业生资格证书。[①] 其中,依据适用的年龄或年级阶段、学科内容这两种分类并不是各自独立的,而是相互结合的,即教师资格证书上既标明持有者任教的学科,也标明其任教的年级。依据等级水平可以划分三级或两级,以反映教师在知识和教学技能方面的差异。具体分为:初始教师资格证书、标准教师资格证书和专家/熟练教师资格证书。初始教师资格证书,颁发给刚刚参加工作的新教师,期限一般为 1—3 年;标准教师资格证书,颁发给具备一定的教师专业发展要求并通过考核的正式教师,有效期一般为 5年,也有 7 年。对于实行两级证书制度的州,标准教师资格证书是最高一级,对于实行三级证书制度的州,还可以申请专家/熟练教师资格证书,这种证书的有效期一般比较长,10 年甚至是终身有效。

特殊教师资格证书是指学校中非正式的,如代课教师、临时教师和外聘教师所持有的资格证书,主要分为应急教师资格证书、选择性教师资格证书、临时教师资格证书、限制性教师资格证书等 4 种类型。

建立优质教育一直是贯穿美国教育改革始终的一条重要指导思想,培养和提高教师的质量是其重要方面,美国不断对教师资格制度进行调整或改革以满足社会对高质量教师队伍的迫切需求。

首先是建立全国性的教师资格认定制度。1986 年 5 月,《以 21 世纪的教师装备起来的国家》(以下简称《卡内基报告》)提出建议:要求建立全国性教师资格审查机构,制定全国统一的、高质量的教师资格标准;要求所有教师必须经过研究生

---

① 朱旭东.试析美国教师资格证书制度[J].外国教育研究,2007(05):29-30.

阶段(即教育硕士学位课程)的培训；由独立的专业组织来确定教师资格证书标准并颁发证书。[①] 1987年，美国成立了全国专业教学标准委员会(National Board for Professional Teaching Standards，NBPTS)，实施涉及中小学三十多个学术和专业领域的资格证书标准，开始建立起全国性教师资格认定制度，[②]需要说明的是，该委员会制定的是优秀教师评估标准，并依据标准认定全美优秀教师资格，颁发国家高级证书，这也是世界上第一个优秀教师专业标准及认证体系。

其次是逐步取消终身证书。终身证书曾经在美国各州内普遍应用，但许多批评家指责它，认为它是终身饭碗的标志，会使得拥有者不思上进，[③]影响教师的可持续专业化发展，从而导致教育整体的滑坡。因此，有的州采取不断抬高终身证书的取得标准，有的州则直接取消了终身证书，要求在有效期内进行更新才能继续生效。

再者，美国正在对所有教师从业者在入职前实施新一代的教师表现性评估，它完全基于教师候选人在教学实习或短训中的实际教学表现。"基于实习的教师入职评估"是由美国教师教育专业团队(American Association of Colleges for Teacher Education，AACTE)在全美范围内推行的，其目标是："高等教育机构、州教育委员会和专业标准委员会都采用'基于实习的教师入职评估'，[④]将之作为教育学位授予和教师资格证书发放的强制性条件。"这就意味任何人想获得初始教师资格证书或教师执照都必须接受其评估。从这些变革举措中，不难看出，美国教师资格的要求随着社会的发展不断被赋予新的内涵，其本身也体现了教师教育

---

① 李旭. 美国提高颁发教师资格证书的标准及其局限[J]. 比较教育研究，2003(04)：54.

② 刘慧芳. 国外部分发达国家中小学教师资格认定制度及启示[J]. 当代教育科学，2009(08)：59.

③ 杨慧. 美国教师资格证书制度的改革[J]. 外国中小学教育，2004(09)：45.

④ The American Association of Colleges for Teacher Education. A Performance-Based Approach to License Teacher Candidates And Support Program Improvement[EB/OL]. https://edtpa. aacte. org. 2014 - 12 - 15/2016 - 01 - 23.

的发展趋势和进步程度。

2. 日本教师资格制度

日本是世界上较早实行教师资格制度的国家之一,其完善的教师资格制度对日本教育事业的长远发展发挥了巨大作用。日本教师资格制度是以 1949 年制定的《教师职员资格法》为依据而建立起来的,以"大学培养师资力量"和"开放制的师资培养"为基本原则,其目的在于吸引既具有高度专业知识,又具有广阔视野的人才从事教育工作。[①] 1874 年,文部省规定授予官立师范学校毕业考试合格者以"训导证书",承认其当教师的资格。20 世纪 80 年代,《教师许可法》明确提出原来的二级教师证书制改为三级证书制,教师中具有硕士毕业证书者为一级教师,具有学士学位证书者为二级教师,具有短期大学毕业证书者为三级教师。[②] 这就是日本教师资格制度的显著特点,被称为"严格许可证主义"。

日本中小学教师许可证分为普通资格证、临时资格证、特别资格证三种类型。2006 年 7 月,日本中央教育审议会咨询报告《关于今后教师培养·资格证书制度》中规定了教师资格证持有有效期为 10 年,超过期限要重新考核。临时许可证主要针对助教,时间期限为 3 年,只能在授予证书的都道府县内使用。新增的特别许可证是临时许可证的延伸,其对象主要针对的是拥有一线教学工作经验,并通过教师人事考试的人员,有效期也比临时许可证略长,为 3—5 年。[③] 普通许可证书又分为专修、一级、二级许可证,专修资格证书是以取得硕士学位作为基本资格,一级资格证书是以大学本科毕业取得学士学位作为基本资格,二级资格证是以短期大学取得准学士学位作为基本资格。[④]

① 张瑞芳. 质量与权益教师管理政策与实践[M]. 济南:山东教育出版社,2015:102.

② 于富增. 国际高等教育发展与改革比较[M]. 北京:北京师范大学,2001:90.

③ 陈勇,汤君婷. 中小学教师资格证制度发展的经验与启示——以美、德、英、日四国为例[J]. 外国中小学教育,2018(06):68.

④ 李其龙,陈永明. 教师教育课程的国际比较[M]. 北京:北京科学出版社,2002:136.

由此可见,日本教师资格证书的资格认定等级分明,呈现出三类三级的多维模式,便于对教师队伍的精细化管理。2009 年,日本开始实施教师资格证书更新制。凡在 2009 年 4 月 1 日后取得的教师资格证书,有效期为 10 年,每隔 10 年需要更新一次。[①]

3. 澳大利亚教师资格制度

澳大利亚的教师资格制度是以教师资格鉴定和教师资格注册制度为基本类型的比较成熟的发展体系,树立了一个起步晚、发展快的典型。[②] 各州的教师协会、教师管理委员会等专业机构承担教师资格制度的完善与实施。除了新南威尔士州实行的是教师资格鉴定制度,其他各州和地区主要实行的是教师资格注册制度。资格鉴定制度包括"三主体"和"五角色"。"三主体"是指:学校负责确定鉴定对象,即准入制教师;教师(资格)鉴定权威 TAA(Teacher Accreditation Authority),由作为教育雇佣主体最高代表的政府教育主管或部长本人或其授权的他人或机构组成,负责确定鉴定对象是否具有鉴定标准要求的相应级别的专业水平;新南威尔士州教师协会,主要负责对 TAA 的工作提供规范、协助和建议。"五角色"是指在这个过程涉及的 TAA、指导教师、新教师、教师协会以及外部评价者。注册制在各州的具体实施情况有所不同,比如:维多利亚州的教师资格注册制分为两类,一种是有资格注册为教师的人,另一种是有适当的教学技能和经历、符合被授予教学准入条件的人。第一种又可以分为完全注册、临时注册、非实践注册和暂定注册。又比如:在北部地区,注册条件为三个,分别是教育资格(查尔斯·达尔文大学北部地区土著教育巴齐勒学院四年制教育学位或教育文凭),有教学能力(包括良好的英语能力)以及有良好的品质。这些教师资格注册制度是基于非教师雇佣主体实施的,以教师资格与教学专业权威机构为实施核心来促进教师专业化

---

① 周晓燕,陆露.教师资格更新制度:日本的经验极其对我国的启示[J].教育理论与实践,2012(39):28.
② 袁丽.论澳大利亚教师资格制度的发展[J].比较教育研究,2014(08):18.

发展。

澳大利亚各州有着高度的教育发展自主权,教师资格制度也呈现多元化、差异化的特点。鉴于教师的流动性需要和教师地位不高等问题,澳大利亚联邦教育部从 20 世纪 80 年代以来一直致力于发展全国统一的教师专业标准,从初任教师能力标准、国家初任教师教学能力标准、国家教学与学习质量计划、职前教师教育项目的国家标准与指导、国家教学专业标准到国家教师专业标准,这使得各州的专业标准在基本理念、框架和具体要求等方面大同小异,即使有自己的标准,但仍可以确定各州的教师资格制度的发展是以这一系列的专业标准为基础,而形成连续性的标准体系。

4. 英国的教师资格制度

英国的教师资格制度称为"合格教师资格证书"(Certificate of Qualified—Teacher Status)。英国的教育行政部门规定所有由地方政府兴办或补助的学校的教师必须是合格的教师,并对"合格教师"(Qualified Teacher)一词的含义做了明确的界定。所谓的合格教师,一是经教育科学部本身以及代表教育科学部的其他单位以书面形式证明的合格教师;二是研修下列课程之一:教育学士学位课程、教师证书课程、研究生教育证书课程或者同一水准的课程,此项资格由英国大学或国家学历颁发委员会(Council for National Academic Awards,CNAA)授予,而且师资培训课程由教育科学部认证;三是所有中小学新任教师都必须是既定条件的合格者。为确保师范教育课程的专业水准,英国对各种师资培训机构开设的教育科学专业课程和教师证书课程实行专业有效性认可,由 20 世纪 80 年代中期成立的师范教育认可委员会执行。教育执行委员会依据教育部颁发的师范教育课程标准对各高校的师范教育课程进行鉴定,并根据鉴定结果向教育部建议是否为该校的师范专业毕业生颁发教师资格证书。这种对师资培训机构的专业性认可制度直接与教师资格证书的颁发挂钩,有力地保证了师范教育课程的质量和教师资格证书持有者的专业水准。①

英国的教师资格证书主要有教育学士学位和研究生教育证书两种。教育学士学位既代表学术造诣，又代表教学资格，授予受过 3—4 年学位课程训练的学生，持这种学位者具有学前和小学教师资格；研究生教育证书是本科毕业生受过一年教育专业训练的证明，持这种证书可具有中学教师资格。1975 年颁布的《继续教育法规》规定：取得教育学士学位或研究生教育证书者，可获得试用教师资格。② 这表明英国教师资格证书界限是十分明确的。英国教师资格证书的取得要经过两轮选考，合格后方可取得。

需要强调的是英国的研究生教育证书，即"大学毕业后的教师证书培训"（Post-Graduate Certificate in Education，PGCE），为期一年，它培养的对象大多是取得了各种专业学士学位的大学毕业生，他们在大学毕业后再到教育系或教育学院接受一年的全日制师范教育，包括专业学科学习、教育专业学习、教学实习，其中教学实习占相当大的比重。由这个途径取得教师资格的人数现已超过了通过教育学士获得教师资格的人数。③

5. 法国教师资格制度

法国的教师资格制度以严格著称。与德国相似，教师属于国家公务员，对教师资格证书颁发的要求也相当严格。法国政府规定所有教师都必须接受过至少 3 年的大学教育，之后还必须参加能力考试，通过后方可授予证书，只有获得能力证书者才能成为正式教师，否则只能担任候补教师或临时代课教师。若要转正，一定要经过会考，会考合格者还要在地区教育中心培训 1—2 年，通过理论学科考试及实习的合格者才可以获得教师证书。

---

① 孙晨红，张春宏，王睿. 教师专业化发展与教师成长[M]. 哈尔滨：东北林业大学出版社，2016：237.
② 黄蓉生等. 教师职业道德新论[M]. 北京：人民教育出版社，2015：30.
③ 袁锐锷. 教师专业化与高素质教师[M]. 广州：广东高等教育出版社，2007：119.

　　法国对中小学教师的资格区分比较详细,小学教师的资格分为四种:正式教师、实习教师、代课教师、临时候补教师。中学教师也分为四种:国立中学高级教师、中学一般教师、助教、补助教师。相应地,教师证书的种类也较多,不同证书持有者的待遇不同,上课时数也不同。但各类证书有一个共同之处,即都必须通过与其有关的会考、训练与实习,合格者才能获得证书,具备教学资格。另外,法国十分强调教师证书的独立性。学历证书是对教师的要求之一,但是如果没有教师证书,尽管持有高级的毕业证书或学位,也不能成为正式教师,只能当教学助理或代课教师。[①]

(二) 发达国家教师资格制度的主要特点

　　从发达国家教师资格制度的历史变革与具体内涵分析中,基本可以归纳出以下几个方面的显著特点。

　　高起点。教师资格制度的重要指标之一就是对申请者的学历要求,学历不仅体现了教师接受教育的程度,也反映了教师专业化的程度。[②] 各发达国家对教师学历的要求都比较高,基本上都是大学本科及以上学历。并且,很多国家在学历确认的基础上还要进行资格考试,比如,英国要求教师资格证书申请者要通过英语和数学的基本知识和能力的考试。

　　变通性。为了解决教师紧缺的问题,也为了拓展教师来源,挖掘对教学真正感兴趣的人士进入教师行业,西方国家普遍采取一些变通的做法,如美国的临时教师资格证书、日本的"临时教师许可证"制度等。这种制度,对临时从事教学的教师提出一定标准和要求,唯有取得临时教师资格才能暂时担任教师,并且要在较短时间内取得合格教师资格,成为正式教师,否则不能继续从教。

① 董建稳. 现代基础教育比较研究[M]. 咸阳:西北农林科技大学出版社,2011:147.
② 李广平. 从国际教师资格制度的发展趋势看我国教师资格证书制度的完善[J]. 外国教育研究,2004(03):40.

整合性。教师资格制度同其他制度,如教师培养制度、教师薪酬制度以及教师聘任制度结合起来,呈现出整合性的特点,形成制度合力,共同促进教师的专业化、可持续发展。如美国的教师资格制度是融合教师资格、教师继续教育及教师职称评定于一体的整合制度。

专业性。发达国家都对教师资格证书做出了分级和定期更新的规定,这体现了教育专业化的理念。教师资格证书虽然是对职前教育的检测,但若要取得继续任教的资格,或者想要取得高一级的资格,就必须接受继续教育,获得规定的学位或取得足够的学分,这充分地激发了教师不断学习,不断发展的外在动力。

实践性。把教育实习作为取得教师资格证书的重要经历。如英国十分重视教育实习和教育实践能力的要求,一般需要一年以上的实地教学经历。法国也是需要一年的教育实习。美国对实习有严格的规定,不仅取得初任(标准)证书前至少需要 10 周以上的全时实习,取得初任(预备)证书之后还需要一年以上的辅导期。

二、 教师资格制度的本土实践

(一) 我国教师资格制度的历史沿革

20 世纪 60 年代以来,建立教师资格制度成为世界教师教育发展的趋势。80 年代以后,我国开始酝酿建立教师资格制度。[1] 通过几个标志性事件可以将这项制度划分为初步建设阶段、全面实施阶段以及深化改革阶段三个阶段。

1986 年至 2000 年是教师资格制度的初级建设阶段。1986 年,我国颁布《中

---

[1] 李子江.我国教师资格制度建设:问题与对策[J].教育研究,2008(10):43.

华人民共和国义务教育法》并提出："国家采取措施加强和发展师范教育,加速培养、培训师资,有计划地实现小学教师具有中等师范学校毕业以上水平,初等中等学校的教师具有高等师范专科学校毕业以上水平。国家建立教师资格考核制度,对合格教师颁发资格证书"①,首次从法律上确立了教师资格制度。1994 年 1 月 1日施行的《中华人民共和国教师法》规定,国家实行教师资格制度,再次赋予教师资格制度以法律地位,并规定了获得教师资格的条件和学历要求。1995 年 12 月12 日,国务院颁布了《教师资格条例》,明确规定了我国教师资格的性质、资格分类、资格条件、教师资格考试和资格认定等具体内容。2000 年 9 月 23 日,教育部在总结教师资格过渡和面向社会认定教师资格试点工作经验的基础上发布了《〈教师资格条例〉实施办法》,明确指出符合《中华人民共和国教师法》规定学历的中国公民方可申请认定教师资格,否则不具有申请教师资格的条件。至此,我国教师资格制度的法制规范体系得以初步建立,结束了我国一直以来从未在制度和法律层面真正实行明确而严格的教师任用标准的历史。

　　2001 年至 2010 年是教师资格制度的全面推行阶段。2001 年 5 月 14 日,教育部印发《关于首次认定教师资格工作若干问题的意见》(以下简称《意见》),提出:要坚持依法治教、依法管理,促进教师管理走上法制化轨道;严格把住教师队伍入口关,形成高质量的教师队伍等,该《意见》强调:"教师资格是国家对专门从事教育教学工作人员的基本要求。教师资格制度全面实施后,只有依法取得教师资格者,方能被教育行政部门依法批准举办的各级各类学校和其他教育机构聘任为教师。教师资格一经取得,非依法律规定不得丧失和撤销。具有教师资格的人员依照法定聘任程序被学校或者其他教育机构正式聘任后方为教师,具有教师的义务和权利。"其中还规定各级各类学校师范教育类毕业生可以持毕业证免于参加教

① 何东昌.中华人民共和国重要教育文献(1976—1990)[M].海口:海南出版社,1998:2415.

育教学能力考试,若其他条件合格,可直接申请教师资格。同年印发了《教师资格证书管理规定》,对教师资格证书的用途、管理机构、认定机构、主要内容、证书规格、收回证书的条件及编号方法等作了详细规定。以此为标志,我国的教师资格制度在全国正式实施。[1]

2011 年至今是教师资格制度的深化改革阶段。根据《国家中长期教育改革和发展规划纲要(2010—2020 年)》提出的完善并严格实施教师准入制度,制定教师资格标准,建立教师资格证定期登记制度等规定,我国从 2011 年开始实施教师资格国家统一考试制度。2011 年,教育部实施《教师教育课程标准(试行)》,这为我国教师资格制度补上培训这一关键环节奠定了一定基础。为改革教师资格考试分省组织考试的弊端,2013 年教育部发布《关于印发〈中小学教师资格考试暂行办法〉〈中小学教师资格定期注册暂行办法〉的通知》(以下简称《考试暂行办法》和《定期注册暂行办法》),《考试暂行办法》规定:参加教师资格考试合格是教师职业准入的前提条件,申请幼儿园、小学、初级中学、普通高级中学、中等职业学校教师和中等职业学校实习指导教师资格的人员须分别参加相应类别的教师资格考试。教师资格考试包括笔试和面试两部分。《考试暂行办法》提出"中小学教师资格实行 5 年一周期的定期注册"。定期注册不合格或逾期不注册的人员,不得从事教育教学工作。这两个《考试暂行办法》的重要意义在于新增了面试环节,同时打破了教师资格证的永久有效性,进一步完善了教师资格制度。同时,《考试暂行办法》废除了师范类专业学生免于参加教师资格考试的特权。在试点工作结束后,教师资格证从 2015 年开始实行真正意义上的全国统考,这标志着我国教师资格制度又向前迈进了一步。由此可见,我国教师资格制度经历了一个从无到有,日臻完善,专业化逐步加强的过程。

---

[1] 范国睿.从规制到赋能——教育制度变迁创新之路[M].上海:华东师范大学出版社,2018:208.

最近一两年,党和国家又对教师资格制度的顶层设计进行了优化。比如 2018 年颁布实施的《中共中央关于全面深化新时代教师队伍建设改革的意见》明确指出,"完善教师资格考试政策,逐步将修习教师教育课程、参加教育教学实践作为认定教师教学能力、取得教师资格的必备条件",进一步要求"逐步将幼儿园教师学历提升至专科,小学教师学历提升到师范专业和非师范专业本科,初中教师学历提升至本科,有条件的地方将普通高中教师学历提升至研究生"。

(二) 我国教师资格制度的特点分析

走向开放。我国教师资格制度在历史发展中是逐步走向开放的。整个教师教育体系的开放是教师资格制度走向开放的前提条件,1993 年 3 月,教育部颁布的《关于师范院校布局调整的几点意见》明确指出,以师范院校为主体,其他高校为辅,促进中小学教师来源的多样化,吸引非师范生和社会优秀人才从教,这是我国教师教育体系迈入开放的起点。随后的《面向 21 世纪教育振兴行动计划》《关于深化教育改革全面推进素质教育的决定》等文件一再强调中小学教师来源多样化的问题,进一步释放出教师资格制度走向开放的重要信号。从某种意义上讲,我国教师资格制度的完全开放性是国家允许非师范生考取教师资格,并采取公开招聘、择优录用的办法。尤其是要求凡申请中小学和幼儿园教师资格的人员,都必须参加国家统一的教师资格考试,把师范生与非师范生划归到同一个平台,打破了教师行业原先对师范系统的保护壁垒,实现了这项制度的完全开放性。

质量至上。1986 年《义务教育法》提出"国家采取措施,加速和发展师范教育,加速培养培训师资"的要求,其中"加速"二字充分说明了当时的教师数量不足、缺口较大,强调数量至上也是国情使然。随着教师数量基本满足教学任务,教师质量自然成为各项教师教育政策的主要追求。先是吸引非师范生和社会优秀人才从教(1996 年《关于师范教育改革和发展的若干意见》),接着是要求实行教师聘任、竞争上岗、优化教师队伍结构等(1999 年《面向 21 世纪教育振兴行动计划》等文件),随后强调严把教师关、建立激励机制、辞退不负责任的教师、奖罚并施,为教师质量保驾护航(2001 年《关于首次认定教师资格工作若干问题的意见》等文件)。质量至上的诉求在反复强调,2013 年《关于印发〈中小学教师资格考试暂行办法〉〈中小学教师资格定期注册暂行办法〉的通知》中明确了"保障教师队伍质量"是其目标,这与《国家中长期教育改革和发展规划纲要(2010—2020 年)》中"严格教师资质,提升教师素质"的追求是一脉相承的。[①]

渐进推动。我国教师资格制度在推行过程中采取的是渐进推动的方式,既可以减少改革阻力,又可以为其他制度改革提供借鉴。2010 年 12 月,教育部考试中心组织专家开展了大量的前期研究,研制了考试方案、考试标准,研发了包括网上报名、机考、阅卷、面试测评在内的 4 大考试系统,并开始开发笔试和面试题库。2010 年 9 月,教育部召开新闻发布会宣布我国将启动教师资格准入制度改革试点,实行教师资格考试,建立教师资格定期登记制度。2011 年,在浙江、湖北两地率先启动国家教师资格统一考试试点工作,2012 年,试点新增上海、桂林、河北、海南 4 省(市)。2013 年,又有山西、安徽、山东、贵州进入试点。[②] 2014 年 9 月,新增13 个省(区、市)为试点省份。2015 年,国家教师资格统一考试在全国范围内全面实施。

(三) 我国教师资格制度的实施效应

梳理从 20 世纪 60 年底至今的教师资格制度的发展历史,我们可以从中发现这项制度自诞生至今对教师专业化发展、对我国教师教育体系的发展所承担的责

---

① 黎婉勤.教师资格考试改革:价值诉求与政策建议[J].河北师范大学学报(教育科学版),2017(05):90.
② 武天宏.国考视域下教师资格问题及对策研究——基于教师资格政策文本的分析[J].现代教育科学,
　2018(04):67.

任与使命,所发挥的作用和所做出的贡献。研究一个制度的实施效果,和研究这个制度本身一样的重要。① 所以,想要更加全面科学地认识这项制度,还需充分挖掘这一制度的实施效应。

积极效应。实施教师资格制度,对于提高教师整体素质至关重要。② 首先是促进了教师来源多元化、丰富了高质量教师队伍储备,该制度成为我国提高教师质量的重要保障。根据教育部公布的数据,自 2001 年开始全面实施教师资格制度以来,截至 2012 年底,共有约 2 500 万人次取得教师资格。③ 其次,现行的教师资格制度明确了申请人必须是普通高等学校的学生,无疑把高职与中专或中职类学生排除在外。像上海等经济发达地区,连幼儿园教师资格的报考条件也设置在大专水平以上。④ 可以推断,学历水平的提高有利于整个教师队伍素质的提高,这对中小学,乃至学前教育质量的整体上升是能够发挥积极作用的。再者,教师资格制度本身的社会公信力在提升。教师资格"国考"制定的标准考试大纲,改变了以往各省份考试互不承认、含金量参差不齐的情况。有数据显示,改革前,各试点省份考试通过率普遍较高,一般在 70% 以上;试点后,教师资格考试对标准的把握更加严格,总体通过率降至 27% 左右,提升了教师资格考试的社会声誉,提高了教师队伍的来源质量。⑤ 总之,教师资格制度在不断吸引更多人才进入教师行业,在提高教师声誉、保障教师质量等方面发挥着强大的引导和规范作用。

消极效应。教师资格制度可能产生的消极效应主要包括以下两个方面:一方面,可能会进一步削弱师范院校在教师教育体系中的主体地位。受国家政策导向

---

① 胡玲翠,秦丽霞. 促进教师专业发展的美国教师资格证制度[J]. 外国中小学教育,2013(03):39.
② 曲铁华,于萍. 改革开放 40 年教师教育改革与未来展望[J]. 教育研究,2018(09):42.
③ 教育部. 破除教师资格终身制　5 年一周期定期注册[EB/OL]. http://www.chinanews.com/edu/2013/09-03/5240413.shtml,2013-09-03.
④ 黎婉勤. 教师资格考试改革:价值诉求与政策建议[J]. 河北师范大学学报(教育科学版),2017(05):90.
⑤ 张东,张以瑾. 盘活师资存量　扩大优质师资[N]. 中国教育报,2013-09-04(1).

影响,越来越多的师范院校开始向综合性大学转变,而有些师范院校不断新建非师范专业,朝着综合化大学的方向发展,弱化自身的教师教育职能,由原先的全校合力发展教师教育变成了仅靠教育学院来承担这一工作。① 教师资格实行统考以后,把师范生纳入考试范围,以考试结果论长短,师范生在教师培养过程中的特殊性在资格考试的"名利场"上烟消云散了,这弱化了教师教育的必要性,损害了师范院校和综合院校师范专业的传统培养特色。② 部分师范院校或者师范专业可能面临招生困难的局面,考生从利益最大化的原则出发,会在填报学校和专业时作出比较,尤其是优秀考生,可能不再报考师范院校,因为以后想从事教师这一职业还可以通过考试来获取证书,即使报考师范院校也是选择其他专业,以求在以后激烈的就业市场多一条出路。另一方面,教师资格制度缺乏有效的监管,导致教师资格考试应试化,造成了准教师质量的降低。在现行的教师资格考试制度框架下,无论是师范生还是非师范生,通过了考试就能获得教师资格,就可以凭着"一纸证书"走上三尺讲台。众所周知,一名合格的教师必须接受比较长时期的学术专业训练,若是有学生依靠短期培训和应试技巧,顺利通过了资格考试,无法真正胜任教师岗位,其教师素养也是令人担忧的。已有学者指出,由于缺少严格专业的教学训练及扎实系统的教育理论知识,非师范专业申请者在教学、班级管理等方面的能力亟待提高。

三、 教师资格制度与师范专业认证制度

按照社会系统的理论,一个子系统除了其相对独立的封闭性,还具有开放性,

---

① 孙欣萌.教师资格制度与教师专业发展的关系研究[D].哈尔滨:哈尔滨师范大学,2018:35.
② 王军国.教师资格统一考试对职前教师教育的影响[J].高校教育管理,2015(05):106.

这就需要承认系统独立时应该给予其与其他系统之间的差异足够的尊重和重视，注重两个系统之间的沟通枢纽的建立。[①] 教师资格制度作为社会系统分化出的子系统，确切地说，它是教育系统分化出来的，它与其他教育子系统，尤其是教师培养、师范专业认证制度等子系统不断发生联系和保持交换，互为影响因素和参照，所以，教师资格制度的持续修订与不断完善是外部环境与本系统相互作用的综合性结果。

（一）教师资格制度与教师职前教育

教师资格制度与教师职前教育的关系即教师资格制度与教师培养制度的关系。教师资格制度对于任何想从事教育教学工作的合格公民而言，教师资格制度是保证他们获得从教资格的政策制度，而教师培养制度是保证他们获得从教的学术制度。两者作为保障国家教育质量的重要制度，是密不可分的。[②]

从时间的维度来看，教师资格制度与教师培养制度的发展并不是同步的，一般情况是教师培养制度形成先于教师资格制度。

从制度的功能来看，教师资格制度与教师培养制度之间可以形成以下三类关系。第一类，教师培养制度基本替代教师资格制度的功能，获得毕业于教师教育机构的学生就自然地获得教师资格，培养水平就是教师资格的标准，同时非教师教育机构的毕业生难以进入教师职业。我国在很长一段时间属于这种情况，教师培养制度大体替代了教师资格制度的功能，师范院校毕业生获得学历的同时获得教师资格证，并自然进入教育领域成为教师。第二类，两种制度相对独立，互不替代。无论是师范专业毕业生还是非师范专业毕业生都要经过教师资格的严格认定，方可获得教师资格证书。这种相对分离的关系既有利于拓宽优秀教师的来源

---

① 李江. 教师资格"国考"背景下的师范生培养：视角更新与路径重构[J]. 高教探索，2018(12)：26.
② 朱旭东. 教师资格制度相关问题研究[J]. 河南大学学报(社会科学版)，2009(07)：123.

和渠道,也有利于推动教师教育机构不断进行教育教学改革,促进教师教育的发展。第三类,是前面两类关系的混合形式。韩国大致属于这种情况,韩国的教师资格检定分为免试检定和考试检定。在韩国教育大学毕业的学生能够直接获得二级教师资格证书,属于免试检定。其他非师范专业毕业生通过教师资格考试,获得教师资格证书,则属于考试检定。[①]

从相互作用的实际效果来看,一方面,教师资格制度制约着教师培养制度。教师资格作为一种从事教师职业的准入条件和标准对教师教育的内容、过程、方式、模式、考核等作出规定,对教师培养具有很强的导向性和制约作用。比如,当前教师资格制度是以国家承认学历为前提条件的。另一方面,教师培养制度的发展促进教师资格的不断提高,教师资格的要求也随之提高或变化。

(二) 教师资格制度与教师职后教育

教师资格制度与职后教育之间看似没有必然的联系,因为教师资格制度是教师行业的准入制度,它的产生动力主要源自解决教师队伍的录用"入口"问题,但实际上,教师资格制度不仅是教师合格的入门线,也可以发展成为优秀教师的认定标尺。很多国家把教师资格分成不同等级或层次,以激发和鼓励教师加强在职学习,持续提升专业化水平。比如,韩国教师的在职培训形式之一就是资格培训,培训对象是希望提升自身水平和职称的中小学在职教师,培训时间为 30 天(180 个小时)或更长。[②] 资格培训与职务、职称晋升有关,中小学教师要由低一级资格向上一级资格迈进,必须考取上一级资格证书,才有机会晋升相应的职称。又比如,在美国,全国专业教学标准委员会专门负责"高级教师资格证书"计划,此计划的主要使命是把获得证书的过程当作教师专业发展的一种方式,对职后教师在继

---

① 唐玉光. 教师专业发展与教师教育[M]. 合肥:安徽教育出版社,2008:195.
② 何茜,谭菲. 韩国教师教育的发展特色及变革趋势[J]. 比较教育研究,2009(12):18.

续教育中的表现进行资格认定和证书颁发,证书的持有者被视为美国最优秀的教师。由上看出,教师资格证书的等级越是精细化,越有可能覆盖到教师的职后教育生涯。受终身教育思想的影响,教师资格制度与教师职后教育应该发生整合,从而助益于实现教师教育一体化发展,以更快应对社会对教师队伍更高质量的时代要求,更好地顺应教师专业成长的规律。

通过以上分析,基本可以得出这样的结论:教师资格制度可以逐步成为实现教师教育一体化的一项重要制度安排。

(三) 师范类专业认证制度:教师资格认定的新路径、新保障与新发展

我国师范类专业认证制度的形成昭示国家对教师教育事业发展的高度重视,是我国教师教育质量保障的制度创新,也是教师资格的新路径、新保障与新发展。

首先,师范类专业认证制度有益于创设教师资格认定的新路径。师范类专业认证标准、教师资格标准和教师专业标准,共同构成了我国中小学教师从培养、入职到岗位发展,贯穿终身的标准系统。简言之,教师专业标准将回答教师"是什么",视为"目标"问题;根据师范类专业认证标准实施专业培养,将回答"怎么办"的问题,视为"路径"问题;而教师资格标准将解决"怎么样"的问题,视为"结果"问题。[1] 教师资格标准作为一种"结果"系统自然发挥指挥棒的作用,目前这个指挥棒严重干扰了教师教育的学校体系。有学者严厉批评当前普遍存在的教师资格培训与考试,认为教师资格考试给师范教育设置了新的"指挥棒",而且这个指挥棒是"低标准"的,而不是卓越的标准。在这个指挥棒的指挥之下,许多高校都停止了教育改革,而指向于全国统一考试,甚至以考试的合格率为荣耀。[2] 2018 年教育部等五部门颁布实施的《教师教育振兴行动计划(2018—2022 年)》中,明确提

① 张松祥. 我国师范专业认证需要关注的若干问题及其对策研究[J]. 教育发展研究,2017(15 - 16):42.
② 薛晓阳. 卓越教师的意图改写与反思[J]. 教育研究与实验,2018(03):6.

出将师范类专业认证结果作为教师资格认定的重要依据,释放出教师资格认定的新路径这一重要信号。随后,师范类专业认证制度的实施对此予以进一步明确,提出了构建纵向三级递进的分级认证,其中通过第三级认证,高校可以自行组织中小学教师资格考试和面试工作,学生达到高校毕业要求的,视同中小学教师资格考试笔试、面试合格,从而直接获得教师资格证书,这种将教师资格制度的管理权力下放的"嘉奖"方式,可以极大推动高校加强师范专业内涵建设,加强自查自纠的自觉性和主动性,在优秀教师培养上下足功夫。

其次,师范类专业认证制度有助于完善教师教育质量保障体系。从完整的教师培养质量保障制度来看,至少应该有三个质量保障关,即教师培养机构认证的质量保障关、教师培养的专业质量保障关及教师资格证书考试的质量保障关。[①]与之对应的是三种制度,对教师培养机构的质量保障制度、对教师培养的专业质量保障制度以及教师资格制度。从理论上来讲,在实施教师资格制度之前,应先建立前两种保障制度。在我国,教师培养机构的质量保障已有普通高等学校的合格评估、审核评估作为基本制度,最缺乏的就是教师培养的专业质量保障制度,所以实施师范类专业认证制度,有利于完善教师教育保障体系。

再者,师范类专业认证制度有助于弥补教师资格制度的不足。教师是一个特殊的职业,这份工作不仅是传递知识,更是独特的创造性工作,因此,教师的亲和力、心理素质、管理能力、协调能力、自我评估能力等隐形能力更能影响学生的思想和人格,[②]教师资格证考试无法准确衡量心理素质等具有隐蔽性和潜在性的内容,也无法准确衡量道德标准,一言以蔽之,目前的教师资格考试对申请人从书面走向实践的潜在能力是无法测量的。在这种情况下,教师资格制度对个体与职业是否高度匹配的测量是比较无用的。而教育职业测评在我国还属于比较新鲜的

---

① 朱旭东.教师资格考试政策实施的制度设计[J].教育研究,2016(05):108.
② 梁结玲.从职业准入规范反思教师资格证国考[J].黑龙江高教研究,2015(09):7.

事物,进行教师测评的人是少之又少。另外,教师资格考试虽然提出测试"职业道德"的要求,但实际测试和评价都是难以操作的。正因为如此,目前的师范类专业认证提出了"师德为先、学生为本、能力为重、终身学习"的教师专业发展理念,并围绕师范生的职业理解与认同,对学生的态度与行为、教育教学的态度与行为、个人修养与行为等四个方面予以重点考查。从这个角度而言,师范类专业认证制度能够弥补教师资格制度设计本身的一些缺陷。

另外,师范类专业认证制度有利于重申师范高校的存在价值。正如之前的分析,教师资格证的国考制度对师范院校存在的价值尤其是在教师教育体系的主体地位构成冲击。有研究表明,综合性大学开办教师教育早在 2000 年前后就提出了,但至今似乎并没有出现综合性大学办师范专业的成功案例。① 所以,当前最重要的不是综合性大学参不参与教师教育的问题,而是如何着力建设正在日益衰弱的师范院校的问题。② 师范类专业认证制度以规范引导师范类专业建设,不断提高教师教育培养质量为核心目标,是推动教师教育改革发展的重要举措。各师范高校要解决教师资格国考带来的冲击,就必须以师范类专业认证为抓手,充分利用自身在孕育学生师范精神的师范文化"场"的作用,在培养模式上开展探索,突破已有的培养思维定势,进而在学生综合素质上实现重大突破,凸显师范院校无可比拟的优势,在同质化竞争中表现出差异化,并以先行者的姿态,引领教师教育的发展。③

① 陈海银,戴春晨.振兴教师教育:打造高水平有特色的"新师范"[N].21世纪经济报道,2018 - 02 - 09.
② 周立群.回归与创新:对新时代师范教育的思考[J].华南师范大学学报(社会科学版),2018(06):74.
③ 陆道坤.教师教育发展模式的转变与师范院校的转型[J].重庆高教研究,2013(05):63.

第五章

师范类专业认证的理论基础

　　《普通高等学校师范类专业认证实施办法（暂行）》（以下简称《实施办法》）的印发，标志着我国师范类专业正式步入认证时代。我国师范类专业认证的制度设计在借鉴了国际经验的同时也充分体现了中国特色。对于师范类专业认证的参与者而言，准确把握认证的理念内涵是有效开展工作的重要前提。本章将从理论层面对师范类专业认证的内涵进行分析，主要分为两个部分：第一部分重点解读师范类专业认证的制度设计和核心理念，第二部分重点对师范类专业认证标准的制定依据以及具体内涵进行分析。

一、师范类专业认证制度的内涵分析

（一）师范类专业认证的制度设计

1. 统一的实施办法和标准

　　我国师范类专业认证构建了国家统一的认证体系。2017年10月26日，教育部印发《普通高等学校师范类专业认证实施办法（暂行）》，简称《实施办法》，正式在全国范围内开展师范类专业认证。《实施办法》对认证的指导思想、理念和原则、标准体系、认证对象及条件、实施程序、结果使用等作了全面说明,同时发布了"中学教育专业认证标准"、"小学教育专业认证标准"和"学前教育专业认证标准"。作为对《实施办法》的补充,教育部教师工作司、教育部高等教育教学评估中心于 2018 年 6 月编制了《普通高等学校师范类专业认证工作指南(试行)》,对认证的实施和标准做了进一步解释和说明,同时,教育部高等教育教学评估中心还编制了《普通高等学校师范类专业认证自评报告撰写指导书(试行)》,作为专业开展自评的参考。

教育部统筹、指导、监督下的认证模式,对保障师范类专业认证制度的顺利推行,对于提高高校对师范类专业认证的重视度和参与度无疑有着积极作用,有助于使师范类专业认证制度真正成为撬动我国教师教育内涵发展的有力杠杆。同时,师范类专业认证制度也考虑到了不同地区教师教育实际情况与需求上的差异,采取"国家统一体系、省部协同推进"的策略,在国家统一实施办法和标准的基础上,由各省级教育行政部门结合地方实际情况制定本地区的实施方案。

2. 分级分类的认证体系

师范类专业认证构建了纵向三级递进、横向三类覆盖的分级分类认证标准体系。纵向的三级监测认证体系方面,**第一级**为师范类专业办学基本要求监测,通过网络平台数据采集的方式,对各地各校师范类专业的办学基本情况实施常态化的动态监测,旨在推动各师范类专业加强基本教学投入。所有经教育部正式备案的普通高等学校师范类本科专业和经教育部审批的普通高等学校国控教育类专科专业强制要求参加。教育部高等教育教学评估中心借助大数据手段建立监测指标常模,为学校出具年度监测诊断报告,为国家和地方教育管理部门提供决策和监管的依据,也为社会大众提供了解高等教育质量信息的服务。**第二级**为师范类专业教学质量合格标准认证,旨在推动各专业加强内涵建设,保证人才培养质量达到合格标准。具备三届以上毕业生的高校可自愿申请参加认证。**第三级**为师范类专业教学质量卓越标准认证,旨在引导专业追求卓越的办学质量,打造具有引领示范作用的标杆专业。有六届以上毕业生并通过第二级认证,以及个别办学历史长、社会认可度高的专业可申请参加。

三级监测认证之间相互衔接、逐级递升,在保障师范类专业建设基本质量的同时,还通过将认证结果与中小学教师资格证相挂钩,与资源配置、经费投入、招生就业等相关联的方式,驱动和引导各专业追求更高水平的办学质量。

此外,为了进一步提升认证工作与基础教育的适应性,为专业建设提供更具体、更有针对性的指导,认证还结合我国教育实际,分类制定了中学教育、小学教育、学前教育专业认证标准(表5-1)。①

表5-1　师范类专业认证的三级监测认证体系

等　　级	认证对象及条件	认证程序	认证通过后获取教师资格的方式
第一级:师范类专业办学基本要求监测	强制要求	网络平台数据采集	参加全国统一教师资格证笔试、面试
第二级:师范类专业教学质量合格标准认证	自愿申请,有三届以上毕业生	申请与受理、专业自评、材料审核、现场考察、结论审议、结论审定、整改提高	可由高校自行组织中小学教师资格考试面试工作
第三级:师范类专业教学质量卓越标准认证	自愿申请,有六届以上毕业生并通过第二级认证(个别办学历史长、社会认可度高的专业可直接申请)	申请与受理、专业自评、材料审核、现场考察、结论审议、结论审定、整改提高	可由高校自行组织中小学教师资格考试笔试和面试工作

3. 强化主体意识的认证过程

师范类专业第二和第三级认证过程包括申请与受理、专业自评、材料审核、现场考察、结论审议、结论审定、整改提高等7个阶段。在整个认证的实施过程中,注重强化高校在师范类专业质量建设中的主体责任。专业认证,从本质上来说就

---

① 截至本书出版前,职业教育、特殊教育专业认证标准尚未发布。

是"设定标准＋收集证据＋达标判断"的过程。[①] 师范类专业认证要求认证专业"用证据说话",做到"说"、"做"、"证"一致,既要求师范类专业对照标准开展自评自建,逐条举证说明标准达成情况,又要求专家对照标准逐条查证参评师范专业所说、所做、所证是否一致,并据此对师范类专业人才培养质量状况作出评判。通过学校举证与专家查证相结合的方式,引导和推动师范类专业自觉开展自我评估,建立以内部保障为主、内部保障和外部评价相结合的质量监测保障制度。

4. 坚持以认促改的价值取向

作为我国高等教育质量保障体系的重要组成部分,师范类专业认证以全面保障和提高师范类专业人才培养质量为核心目标,在制度设计上充分体现了"以认促建、以认促改、以认促强"的价值取向。首先,在认证周期方面,将常态监测与周期性认证相结合,一方面依托教师教育质量监测平台进行常态监测,另一方面对师范类专业开展有效期为六年的周期性认证,推动专业定期"评价、改进、提高"。其次,在评估和反馈过程中,遵循"定量与定性"相结合的原则,认证专家组在审阅专业自评报告和数据分析报告等认证材料的基础上,通过深度访谈、听课看课、考察走访、查阅文卷、集体评议等方式,全方位了解学校人才培养举措与成效,形成书面的考察结论建议,反馈给高校,作为后续改进和提高的重要指导意见。此外,强调"整改"环节的重要性。认证专业既需要对照标准在自评的基础上制定整改方案,还需要在收到专家的认证报告后进行整改,并提交整改报告,由评估中心组织专家对整改报告进行审查。通过"自我评估＋整改"和"外部评价＋整改"的环节设计,引导专业形成持续改进的评估文化,促进专业加强教学改革、建设和管理,不断提高师范生培养质量。

---

① 龙宝新.美国师范专业认证工作对构建我国师范专业认证工作框架的启示[J].教师发展研究,2018,2(02):109-118.

(二) 师范类专业认证的核心理念

"学生中心、产出导向、持续改进"是贯穿师范类专业认证全过程的核心理念，是开展认证工作的行动指针。这三个理念，分别体现了一种教育观、培养观和质量观。

1. 学生中心

"学生中心"(Student-Centered, SC)是美国人本主义心理学家卡尔·罗杰斯于 20 世纪 50 年代最早提出的一种教育理念。以学生为中心，意味着教育应当以学生个体的全面发展作为目的。对教师而言，在教育过程中，应当"理解学生、尊重学生、服务学生、启迪学生、鼓励学生"[1]，坚持学生既是教育的主体，学习的主人，又是有待关心爱护和培养的生命[2]，最大限度地发挥学生的主体作用、激发学生的学习兴趣、培养学习能力、提高学习成效、增强综合素养、帮助其成就有价值的人生。上升到学校的办学层次，则包括"制定以学生为中心的培养目标，构建以学生为中心的课程体系，优化以学生为中心的资源配置，实施以学生为中心的服务机制"[3]。师范类专业认证所强调的"以学生为中心"，要求专业立足师范生未来的发展需求制定培养目标，遵循师范生自身的成长规律，以师范生的学习效果和个性发展为中心，构建课程体系、安排教学活动、配置教育资源、提供指导服务，并要求将师范生和用人单位满意度作为衡量专业人才培养质量的重要依据。

2. 产出导向

"产出导向"(Outcome-based Education, OBE)的理念由美国学者斯派迪(Spady)于 1981 年率先提出，此后经过十年左右的发展，形成了比较完整的理论

---

① 李嘉曾."以学生为中心"教育理念的理论意义与实践启示[J].中国大学教学,2008(04)：54-56.
② 吴亚林.以学生为中心的教育理念解读[J].教育评论,2005(04)：21-23.
③ 郭峰,李伟.解读"以学生为中心"的办学理念[J].教育发展研究,2005(22)：59-63.

体系,至今被公认是追求卓越教育的正确方向。① OBE 是以预期学习产出为中心来组织、实施和评价教育的结构模式,主要包括定义学习产出(defining)、实现学习产出(realizing)、评估学习产出(assessing)和使用学习产出(using)四个步骤。② OBE 指导下的教学,将学习者的学习产出,即知识、能力、素质方面的提高作为目标和依据,以此来设计和组织教学活动,提供各种能够促进学习产出的支持和服务,并将学习产出作为评价教学质量的标准。整个过程从教学的目标设定、实施到评价始终聚焦学习者,充分体现了以学生为中心。与传统的教学相比,在对待学生方面,OBE 认为如果给予每个学习者足够的时间和机会,绝大多数学习者都可成功,因此在对学生的评价上更强调个性化评价和达成性评价;在教学管理方面,强调建立弹性的学习制度,学习者可以根据个人特点安排学习进度、制定课程计划等,而学校和教师的任务则是为学生提供丰富多样的资源,为他们创造最大的发展空间;在课堂教学方面,强调教师作为学生学习的引导者、支持者,通过灵活运用各种教学资源、教学手段和评价方式,帮助学生达成预期的学习目标。师范类专业认证所强调的"产出导向"理念,主要体现了其中"反向设计"的实施原则,即专业应立足社会需要和人的全面发展,以师范生发展成效为导向,聚焦师范生毕业后"学到了什么"和"能做什么",反向设计课程体系与教学环节,配置师资队伍和资源条件,评价师范类专业人才培养的质量。

3. 持续改进

师范类专业认证不仅关注专业的现状,更强调该专业必须具有持续改进(Continuous Quality Improvement,CQI)的机制和追求卓越质量的文化,即强调

---

① 李志义. 对我国工程教育专业认证十年的回顾与反思之一:我们应该坚持和强化什么[J]. 中国大学教学,2016(11):10 - 16.

② 顾佩华,胡文龙,林鹏,包能胜,陆小华,熊光晶,陈严. 基于"学习产出"(OBE)的工程教育模式——汕头大学的实践与探索[J]. 高等工程教育研究,2014(01):27 - 37.

聚焦师范生核心能力素质要求,对师范类专业人才培养活动进行全方位、全过程的跟踪与评价,并将评价结果用于人才培养工作改进,形成"评价——反馈——改进"闭环,以此推动师范类专业人才培养质量的不断提升。持续改进,包括校外、校内和课内"三个循环"。[①] 校外循环即通过建立校外反馈机制,定期评价培养目标的合理性与达成度,从而不断调整培养目标、改进毕业要求;校内循环即通过建立校内反馈机制,定期评价毕业要求对培养目标的支撑度以及毕业要求的达成度,从而不断调整毕业要求、改进教学活动;课内循环即通过建立教学质量监控机制,评价课程目标对毕业要求的支撑度以及课程目标的达成度,从而不断改进课程教学。通过三个循环的有效运行,实现对培养目标、毕业要求、教学活动的持续改进。

二、 师范类专业认证标准解读

认证标准是师范类专业认证的核心内容,是判断专业的人才培养质量是否达到既定要求并且是否具有持续改进的提高机制的基本依据,对师范类专业建设起着重要的规范和引导作用。师范类专业认证作为我国高等教育质量保障体系的重要环节,其标准一方面要遵循教师成长发展的内在规律和特点,吸收国际教师教育发展的先进经验;另一方面也要紧密结合我国的教育实际和宏观政策导向。

(一) 师范类专业认证标准的制定依据

为更深入地理解认证标准的内涵,有必要先了解标准制定的依据和背景。我们将从两个基本问题入手:我们需要怎样的教师? 以及我们应当如何培养教师?

---

① 李志义.适应认证要求　推进工程教育教学改革[J].中国大学教学,2014(06):9-16.

1. 我们需要怎样的教师?

2012 年 8 月 20 日,国务院制定印发《国务院关于加强教师队伍建设的意见》,在总体目标中提出"到 2020 年,形成一支师德高尚、业务精湛、结构合理、充满活力的高素质专业化教师队伍……教师队伍整体素质大幅提高,普遍具有良好的职业道德素养、先进的教育理念、扎实的专业知识基础和较强的教育教学能力"。根据教育部 2012 年 2 月 10 日颁布的《幼儿园教师专业标准(试行)》、《小学教师专业标准(试行)》、《中学教师专业标准(试行)》(以下简称《教师专业标准》),可将教师的专业要求分为"专业理念与师德"、"专业知识"、"专业能力"三个方面。①

关于专业理念与师德。教师肩负着培养社会主义事业建设者和接班人的重要使命,专业理念和师德是教师应具备的基本素质。中央提出广大教师要做"有理想信念、有道德情操、有扎实知识、有仁爱之心"的"四有"好老师。为了进一步加强基础教育师德建设,教育部于 2013 和 2014 年接连印发《关于建立健全中小学师德建设长效机制的意见》和《中小学教师违反职业道德行为处理办法》,师德建设已成为教师队伍建设的首要任务和重点内容。

2008 年教育部和中国教科文卫体工会全国委员会联合修订颁布的《中小学教师职业道德规范》从"爱国守法、爱岗敬业、关爱学生、教书育人、为人师表、终身学习"六个方面对教师职业道德提出了规范要求。2012 年颁布的《教师专业标准》将专业理念与师德分为"职业理解与认识、对学生的态度与行为、教育教学的态度与行为、个人修养与行为"四个领域。这些文件中关于教师专业理念和师德的要求,体现了两个特点:一是强调"育人为本,德育为先",要求教师重视学生的品德养成和全面发展,在教育实践中贯彻党的教育方针,践行社会主义核心价值观,增进学生对中国特色社会主义的思想认同、政治认同、理论认同和情感认同,"做学生锤

---

① 教师专业标准研究课题组. 中学教师专业标准:要点·行动·示例[M].北京:北京师范大学出版社,2013:1-2.

炼品格的引路人，做学生学习知识的引路人，做学生创新思维的引路人，做学生奉献祖国的引路人"①；二是强调教师的职业理想和对专业发展的认同，其中包括理解教育工作的意义，热爱教育事业，具有职业理想和敬业精神，认同教师职业的专业性和独特性，认识到专业发展的重要性。这些理念是推动教师职业生涯持续发展的内驱动力。

关于专业知识与能力。根据《教师专业标准》，专业知识不仅包括学科知识，还包括学科教学知识、通识性知识、教育知识。其中，诸如安全防护知识、班级管理知识、信息技术知识等有助于师范生胜任具体教师工作的知识，都归入了专业知识范畴。

专业能力方面，除了涉及教学设计、教学实施等传统意义上的开展教学活动的能力外，《教师专业标准》体现了三个鲜明特点：一是班级管理与开展教育活动的能力，体现了教师从知识传授者到学生发展的引导者这一角色的转变，育人是教育的根本目的；二是特别强调教师应具备自我评价、反思与发展的能力，从而帮助教师获得终身学习的能力，能够根据不断变化中的学生特点、教学需求对教学进行改进，不断提高教学质量；三是与其他教师、学生家长、社区的沟通与合作的能力，通过与同事交流合作、共享资源经验，促进教师社群的专业发展，通过与家长、社区的交流合作，形成育人合力，构建良好的教育环境。

2. 我们应当如何培养教师？

教师教育的目的是促进教师的专业发展，从而帮助其胜任教师工作，取得职业成就。教师的专业发展有其独特性和内在规律，因此开展教师教育应当首先深刻理解教师专业发展的本质与特点，并在此基础上，为未来教师提供最合适的引导、支持与服务。同时，明确当前我国教师教育中的突出问题，也将有助于更好地

---

① 摘自 2016 年习总书记在北京市八一学校考察时的讲话［EB/OL］. http：//paper. jyb. cn/zgjyb/html/2016－09/11/content_462843. htm？ div=－1.

把握现阶段教师教育需着力的关键点。

对教师专业发展的认识。教师专业发展的特质体现在"行动中的教育问题的实践性、教育情境的不确定性、专业情意的感通性、多元关系持续互动的系统性"四个方面。[①]"实践性"是教师专业发展的重要特点,教育是一种实践性的社会活动,教师在教学中所采取的具体行为,在很大程度上依赖于他们的"实践性知识"。教师教育应当打破灌输理论式的教学,通过向教师提供各种教育理论和观点,来扩展他们的视野,加深对于教育的理解,帮助教师更好地"理解、检验和批判性地反思自己的实践性知识",从而在教学实践中做出更明智的选择。[②]因此,教师教育应当为学习者提供足够的实践机会,包括安排统一的实习和在课堂中创设情境,通过行动研究、案例教学等方式,丰富和发展他们的实践性知识。

当前教师培养中存在的突出问题及对策。近年来,我国教师教育体系不断完善,教师教育改革持续推进,教师培养质量和水平得到提高,但在与基础教育的衔接度、师资队伍、教学质量等方面还存在短板。《教育部关于实施卓越教师培养计划的意见》(教师〔2014〕5号)指出,当前我国教师教育存在着"教师培养的适应性和针对性不强、课程教学内容和教学方法相对陈旧、教育实践质量不高、教师教育师资队伍薄弱等突出问题。大力提高教师培养质量成为我国教师教育改革发展最核心最紧迫的任务"。针对上述问题,《教育部关于实施卓越教师培养计划的意见》、《国家教育事业发展"十三五"规划》等文件提出了一系列具体措施,其中的主要思路都在师范类专业认证标准中得到了体现,包括加强师范专业建设,改进教师培养机制、模式、课程,探索建立教师教育质量监测评估制度;针对中学教育、小学教育、学前教育、中等职业教育、特殊教育改革发展需要,分类推进卓越教师培养模式改革;建立高校与地方政府、中小学'三位一体'协同培养新机制;强化招生

---

①　毋丹丹. 论教师专业发展的特质及其实践路径[J]. 教师教育研究,2017,29(03):81-86.

②　教育部教师工作司. 教师教育课程标准(试行)解读[M]. 北京:北京师范大学出版社,2013:35.

就业环节;推动教育教学改革创新,建立模块化的教师教育课程体系、突出实践导向的教师教育课程内容改革、推动以师范生为中心的教学方法变革、开展规范化的实践教学、探索建立社会评价机制;整合优化教师教育师资队伍等。

课程体系的设计与实施是教师教育的核心环节。2011年教育部颁布《教师教育课程标准(试行)》,该标准的研制专家工作组曾对我国教师教育课程现状进行了专题调研,该调研显示存在的突出问题有"没有关注专业信念和责任"、"教与学的方式过于单一"、"知识陈旧与脱离实际"、"实践性课程薄弱"等,师范生专业素养的缺陷主要体现在"具有正确的教育观"、"具有支持学生学习的知识和技能"、"亲历学校教育的实践"、"具有反思性实践的体验"等方面不达标。[1] 鉴于此,标准提出"育人为本、实践取向、终身学习"的核心理念,即教师教育课程应当引导未来教师树立"育人为本"的教育理念并掌握相应的教育知识和能力,应当强化课程的实践性,帮助未来教师在实践中体会和领悟先进的教学理念和模式方法,主动构建自己的实践性知识,应当突出自主学习与自我发展意识和能力的培养,帮助其成为"终身学习者"。

(二) 师范类专业认证标准体系内涵分析

1. 标准体系的基本框架

师范类专业认证的第一级标准从课程与教学、合作与实践、师资队伍、支持条件4个方面设置了15项数量指标和参考标准,主要涉及课程的学分数,教育实践时间、实习基地数量、师资数量与结构、经费与硬件设施等方面,重在监测专业的基本办学投入情况。

第二级和第三级认证标准以培养目标达成度、社会需求适应度、教学资源支

---

[1] 教育部教师工作司.教师教育课程标准(试行)解读[M].北京:北京师范大学出版社,2013:73.

撑度、质量保障有效度、学生和用人单位满意度为主线,从"培养目标、毕业要求、课程与教学、合作与实践、师资队伍、支持条件、质量保障、学生发展"8个方面对师范类专业建设提出要求,8个一级指标下又分为若干个二级指标。

这8个一级指标并不是孤立的,而是相互联系的一个整体,它们间的逻辑关系为:以学生为中心,以培养目标和毕业要求为导向,通过足够的师资队伍和完备的支持条件保证各类课程教学的有效实施,同时通过完善的内外部质量保障机制保证质量的持续改进和提升,最终达成培养目标,实现学生的发展(表5-2)。

表5-2 师范类专业认证标准体系

第一级	4个维度(课程与教学、合作与实践、师资队伍、支持条件),15个数量指标		
第二级	8个一级指标	38个二级指标(中学、小学)	38个二级指标(学前)
	1. 培养目标	目标定位;目标内涵;目标评价	目标定位;目标内涵;目标评价
	2. 毕业要求	师德规范;教育情怀;学科素养;教学能力;班级指导;学会反思;沟通合作	师德规范;教育情怀;保教知识;保教能力;班级管理;综合育人;学会反思;沟通合作
	3. 课程与教学	课程设置;课程结构;课程内容;课程实施;课程评价	课程设置;课程结构;课程内容;课程实施;课程评价
	4. 合作与实践	协同育人;实践基地(中)/基地建设(小);实践教学;导师队伍;管理评价	协同育人;实践基地;实践教学;导师队伍;管理评价
	5. 师资队伍	数量结构;素质能力;实践经历;持续发展	数量结构;素质能力;实践经历;持续发展
	6. 支持条件	经费保障;设施保障;资源保障	经费保障;设施保障;资源保障
	7. 质量保障	保障体系;内部监控;外部评价;持续改进	保障体系;内部监控;外部评价;持续改进
	8. 学生发展	生源质量;学生需求;成长指导;学业监测;就业质量;社会声誉	生源质量;学生需求;成长指导;学业监测;就业质量;社会声誉

（续表）

	8个一级指标	42个二级指标(中学、小学)	41个二级指标(学前)
第三级	1. 培养目标	目标定位;目标内涵;目标评价	目标定位;目标内涵;目标评价
	2. 毕业要求	师德规范;教育情怀;知识整合;教学能力;技术融合;班级指导;综合育人;自主学习;国际视野;反思研究;交流合作	师德规范;教育情怀;保教知识;保教能力;班级管理;综合育人;自主学习;国际视野;反思研究;交流合作
	3. 课程与教学	课程设置;课程结构;课程内容;课程实施;课程评价	课程设置;课程结构;课程内容;课程实施;课程评价
	4. 合作与实践	协同育人;基地建设;实践教学;导师队伍;管理评价	协同育人;基地建设;实践教学;导师队伍;管理评价
	5. 师资队伍	数量结构;素质能力;实践经历;持续发展	数量结构;素质能力;实践经历;持续发展
	6. 支持条件	经费保障;设施保障;资源保障	经费保障;设施保障;资源保障
	7. 质量保障	保障体系;内部监控;外部评价;持续改进	保障体系;内部监控;外部评价;持续改进
	8. 学生发展	生源质量;学生需求;成长指导;学业监测;就业质量;社会声誉;持续支持	生源质量;学生需求;成长指导;学业监测;就业质量;社会声誉;持续支持

2. 理解认证标准的几个关键点

培养目标对外部需求的适应度。培养目标是一切人才培养工作的根本出发点与归宿,是专业建设的灵魂。在培养目标的制定方面,标准要求"贯彻党的教育方针,面向国家、地区基础教育改革发展和教师队伍建设重大战略需求,落实国家教师教育相关政策要求,符合学校办学定位"。这其实包含两个层次,一是要向内看,抓住自身的办学定位,现实专业特色和优势;二是要向外看,抓住社会需求,尤其是与基础教育需求的对接,这一点往往被高校专业教育所忽视。要提升培养目标对社会需求的适应度,在制定培养目标时需要专业对国家教育方针和基础教育改革发展需求展开深入且充分的调研和论证,形成具有可行性和前瞻性的培养目标。此外,由于政策、环境和自身专业的不断变化,还需要建立培养目标的动态调整机制,由政府主管部门、大学管理部门、专业师生、中学、毕业生等利益相关方共同参与,定期对培养目标的合理性进行评估并做出相应调整,方能保证培养目标始终满足基础教育改革发展的需要。

毕业要求对培养目标的支撑度。培养目标是对毕业后 5—10 年,毕业生在社会和教育领域发展前景的总体描述,而毕业要求则是学生毕业时能够具有的知识、能力、素质的具体描述,是学生在毕业时应当取得的学习成果。毕业要求可以视作是培养目标的分解与具体化,是连接培养目标与人才培养具体环节的桥梁。毕业要求需要有效支撑培养目标的实现,体现学校的定位和特色,同时要覆盖国家规定的通用标准"一践行三学会",即践行师德、学会教学、学会育人、学会发展。此外,为了使每项毕业要求能够切实落地,还需要对每项毕业要求的内涵进行合理分解,形成可达成、可评价的指标点。所谓可达成,即学生确实能够通过大学阶段的学习获得毕业要求所描述的知识、能力和素质。所谓可评价,即这些知识、能力和素质确实能否通过学生的学习成果来判断其是否达到。

教学活动对毕业要求的支撑度。毕业要求与培养目标的达成,最终要依靠课堂教学、实验实习、实践教学、第二课堂、跨校跨境交流等人才培养的各个环节来实现。因此,所有教学活动都应当体现对毕业要求的支撑,即整个课程体系要能够覆盖和有效支撑毕业要求的各项指标。具体而言,即每门课程或者每项教学活动都需要承担支撑一个或若干个毕业要求指标点的任务。开设什么课程、开展什么教学活动,应当由毕业要求决定,而非教师能够教什么、擅长教什么。同时,教学活动的组织者(比如课程的任课教师、教育实习项目的负责人、书院第二课堂负责人等)还需要明确自己所负责的这项教学活动在整个课程体系中作用,并依据毕业要求为这项教学活动制定清晰合理、可评价、可达成的教学目标,明确教学目标与毕业要求指标点间的对应关系。在此基础上,再根据教学目标进行具体教学活动的设计与实施,包括确定教学内容、教学方法、考核方式与内容等等。

内外部质量保障机制的有效度。要保证教学活动对毕业要求、毕业要求对培养目标的有效支撑,最终达成培养目标,关键在于构建有效的内外部质量保障机制,并形成"评价——反馈——改进"的闭环。

外部质量保障机制主要围绕培养目标进行,包括建立毕业生跟踪反馈机制以及基础教育机构、教育行政部门等利益相关方参与的多元社会评价机制。评价的内容包括两个方面:一是对培养目标合理性的定期评价,目的在于不断改进培养目标,确保其始终与内外部需求相适应;二是对培养目标达成度的定期评价,通过毕业生跟踪调查以及邀请基础教育机构、教育行政部门等利益相关方对毕业生质量进行客观评价,全面、深入、准确地了解毕业生履职情况,并根据评价结果及时改进毕业要求,使其更好地支撑培养目标。

内部质量保障机制主要围绕毕业要求和具体教学环节进行,通过建立覆盖教学设计、实施和评价全过程的教学质量常态化监控机制,采取自主教学检查、评价与反馈、结果分析与自觉改进等方式,定期对各主要教学环节质量实施监控与评价,不断提高教学质量。评价的内容包括两个方面:一是对毕业要求在人才培养过程中的落实情况进行评价,即要确保毕业要求的所有指标点被分解到课堂教学、教育实践等具体教学环节的目标中,并围绕这些目标进行教学设计和实施;二是对毕业要求达成度的评价,即每个负责具体教学环节的教师都需要围绕该环节的目标制定恰当的评价计划,对该环节的目标达成情况进行评估,最后由专业对所有教学环节的评估数据进行综合,得出毕业要求的总体达成度。专业和教师依据毕业要求和教学环节目标的达成情况对课程体系、教学过程进行不断完善,促进教学质量的持续提高。

要确保内外部质量保障机制的有效运行,需要明确各主要教学环节的质量要求,机构健全,责任到人,并且能够定期对校内外的评价结果进行综合分析,有效使用分析结果,推动师范生培养质量持续改进和提高。

3. 第二级和第三级认证标准对比分析

师范类专业的第二级和第三级认证分别定位于合格标准认证和卓越标准认证。为了更好地把握师范类专业认证的内涵,下面我们将以中学教育的标准为例,对第二级与第三级的认证标准进行比较和分析。从表5-2中可以看到,第二级和第三级认证标准的一级指标完全相同,但二级指标有明显差异,具体为:第三级共新增4个二级指标,分别是毕业要求中的"技术融合"、"自主学习"、"国际视野"和学生发展中的"持续支持";毕业要求中3个二级指标的名称也发生了变化,"学科素养"变成了"知识整合"、"学会反思"变成了"反思研究"、"沟通合作"变成了"交流合作"。此外,还有若干指标的具体表述发生变化,包括数量要求的上升、程度效度的递进等。

1) 毕业要求

毕业要求的变化,主要体现在教育教学能力和个人发展两大方面,现将二级、三级认证标准变化条目整理如下(表5-3)。

表5-3　中学教育第二、第三级专业认证标准中的毕业要求指标比较

中学教育专业认证(第二级)毕业要求	中学教育专业认证(第三级)毕业要求
【技术融合】无该项指标	2.5 【技术融合】初步掌握应用信息技术优化学科课堂教学的方法技能,具有运用信息技术支持学习设计和转变学生学习方式的初步经验。
【自主学习】无该项指标	2.8 【自主学习】具有终身学习与专业发展意识。了解专业发展核心内容和发展阶段路径,能够结合就业愿景制定自身学习和专业发展规划。养成自主学习习惯,具有自我管理能力。

(续表)

中学教育专业认证(第二级)毕业要求	中学教育专业认证(第三级)毕业要求
【国际视野】无该项指标	2.9 【国际视野】具有全球意识和开放心态,了解国外基础教育改革发展的趋势和前沿动态。积极参与国际教育交流。尝试借鉴国际先进教育理念和经验进行教育教学。
2.3 【学科素养】掌握所教学科的基本知识、基本原理和基本技能,理解学科知识体系基本思想和方法。了解所教学科与其他学科的联系,了解所教学科与社会实践的联系,对学习科学相关知识有一定的了解。	2.3 【知识整合】扎实掌握学科知识体系、思想与方法,重点理解和掌握学科核心素养内涵;了解跨学科知识;对学习科学相关知识能理解并初步运用,能整合形成学科教学知识。初步习得基于核心素养的学习指导方法和策略。
2.4 【教学能力】在教育实践中,能够依据所教学科课程标准,针对中学生身心发展和学科认知特点,运用学科教学知识和信息技术,进行教学设计、实施和评价,获得教学体验,具备教学基本技能,具有初步的教学能力和一定的教学研究能力。	2.4 【教学能力】理解教师是学生学习和发展的促进者。依据学科课程标准,在教育实践中,能够以学习者为中心,创设适合的学习环境,指导学习过程,进行学习评价。
2.5 【班级指导】树立德育为先理念,了解中学德育原理与方法。掌握班级组织与建设的工作规律和基本方法;能够在班主任工作实践中,参与德育和心理健康教育等教育活动的组织与指导,获得积极体验。	2.6 【班级指导】树立德育为先理念,了解中学德育原理与方法。掌握班级组织与建设的工作规律与基本方法。掌握班集体建设、班级教育活动组织、学生发展指导、综合素质评价、与家长及社区沟通合作等班级常规工作要点;能够在班主任工作实践中,参与德育和心理健康教育等活动的组织与指导,获得积极体验。
2.6 【综合育人】了解中学生身心发展和养成教育规律。理解学科育人价值,能够有机结合学科教学进行育人活动。了解学校文化和教育活动的育人内涵和方法,参与组织主题教育和社团活动,对学生进行教育和引导。	2.7 【综合育人】具有全程育人、立体育人意识,理解学科育人价值,了解学校文化和教育活动的育人内涵和方法;能够在教育实践中将知识学习、能力发展与品德养成相结合,自觉在学科教学中有机进行育人活动,积极参与组织主题教育和社团活动,对学生进行有效的教育和引导。

（续表）

中学教育专业认证(第二级)毕业要求	中学教育专业认证(第三级)毕业要求
2.7 【学会反思】具有终身学习与专业发展意识。了解国内外基础教育改革发展动态,能够适应时代和教育发展需求,进行学习和职业生涯规划。初步掌握反思方法和技能,具有一定创新意识,运用批判性思维方法,学会分析和解决教育教学问题。	2.10 【反思研究】理解教师是反思型实践者。运用批判性思维方法,养成从学生学习、课程教学、学科理解等不同角度反思分析问题的习惯。掌握教育实践研究的方法和指导学生科研的技能,具有一定的创新意识和教育教学研究能力。
2.8 【沟通合作】理解学习共同体的作用,具有团队协作精神,掌握沟通合作技能,具有小组互助和合作学习体验。	2.11 【交流合作】理解学习共同体的作用,具有团队协作精神,掌握沟通合作技能,积极开展小组互助和合作学习。

　　基于表5-3可以清晰地看出,教育教学能力就"学科素养/知识整合"、"教学能力"、"技术融合"、"班级指导"在毕业要求中有不同的要求标准。

　　教育教学能力方面:

　　强调学科核心素养的培养。第二级认证中的二级指标"学科素养"在第三级中变为了"知识整合",这一变化体现了基于培养学科核心素养的教学理念。所谓"学科核心素养"(disciplinary key competences),即适应信息文明要求和未来社会挑战,运用学科核心观念、通过学科实践,以解决复杂问题的学科高级能力与人性能力。[1] 核心素养是学生所能运用的通识性的、无边界的、综合性的思考问题和解决问题的能力,其区别于曾经碎片化的、细化的、死板的解决问题的能力。[2] 基于核心素养的教学要把握知识本质、创设教学情境,基于核心素养的评价更关注思维品质、注重考查思维过程。[3] 要求教师能够形成"整合性的知识与能力结构",一方面要基于学科核心观念对固有的知识体系进行重构,形成学科内有序整合和跨

---

[1] 张华. 论学科核心素养——兼论信息时代的学科教育[J]. 华东师范大学学报(教育科学版),2019,37(01):55-65,166-167.
[2] 马宝娟,白雪. 基于核心素养的思想政治课程设计研究[J]. 中学政治教学参考,2018(33):56-59.
[3] 史宁中. 推进基于学科核心素养的教学改革[J]. 中小学管理,2016(02):19-21.

学科相关整合的知识结构；另一方面要整合学科知识和学习科学知识，形成基于核心素养的学科教学知识和学习指导策略。知识整合的培养要注重引导师范生进行深度学习、研究性学习和教学实践反思。

强调学生学习指导能力。在"教学能力"这项指标上，第二级认证要求能够"针对中学生身心发展和学科认知特点……进行教学设计、实施和评价"，第三级认证则更突出"以学生为中心"的教育理念，师范生不仅要"理解教师是学生学习和发展的促进者"更要将这一理念落实在具体的教育实践中，"以学习者为中心，创设适合的学习环境，指导学习过程，进行学习评价"。其中特别强调了"指导学生学习能力"的能力。"学生学习的指导者"这一角色，要求教师帮助学生检视和反思自我，明白自己想要学什么和获得什么，确立能够达成的目标；帮助学生寻找、搜索和利用学习资源；帮助学生设计恰当的学习活动和形成有效的学习方式；帮助学生发现他们所学东西的个人意义和社会价值；帮助营造和维持学习过程中积极的心理氛围。①

强调信息化教学能力。第三级认证在标准中增加了"技术融合"的二级指标，要求师范生"初步掌握应用信息技术优化学科课堂教学的方法技能，具有运用信息技术支持学习设计和转变学生学习方式的初步经验"。信息化教学能力是信息化社会教师必备的专业能力。该项指标包括两个层次的要求：应用技术优化教学以及运用信息技术转变学习方式。信息化教学不仅仅是信息技术手段的应用，而且是教学理念的变革，学习方式的变革，最明显的转变就是由传统的讲授式教学过程转变为创设情景、探究问题、协作学习、意义建构等以学生为主体的学习过程。信息化教学的本质是以学生为中心，传统教学设计是面向知识点，以讲授重点、难点为中心展开，突出"教"；信息化教学设计是面向学习过程和基于资源的设

---

① 黄怀德. 教师如何做学生发展的促进者[J]. 文学教育(下),2013(09)：147.

计,突出"学"。① 强调信息化教学能力的师范生培养,应当帮助师范生深入理解信息技术与学科教学深度融合的内涵与发展动态,以案例学习为载体,学习掌握利用信息技术进行学习环境、学习活动和学习评价的设计,运用信息技术支持学生进行自主、合作、探究式学习。

强调综合育人能力。第三级认证在"班级指导"指标上,除了要求掌握班级组织建设的基本方法和参与班主任工作实践外,强调"掌握班集体建设、班级教育活动组织、学生发展指导、综合素质评价、与家长及社区沟通合作等班级常规工作要点",同时,第三级认证还在"综合育人"指标中要求"具有全程育人、立体育人意识"并"能够在教育实践中将知识学习、能力发展与品德养成结合,自觉在学科教学中有机进行育人活动"。这两项指标上的变化,实际都体现了对综合育人能力要求的递增。综合育人,意味着育人工作不再仅限于班主任群体,开展形式也不再局限于主题教育这类显性的活动。无论是班主任还是学科教师,都要始终以学生的全面发展为目标,利用各类教育资源、手段和途径,多角度、多侧面、全方位地将育人工作有机融入到教育教学全过程。

基于表5-3可以清晰地看出,个人发展能力就"学会反思/反思研究"、"国际视野"、"自主学习"等在毕业要求中有不同的要求标准

个人发展方面:

提升教学学术能力。第三级认证将"学会反思"指标改为"反思研究",要求师范生"理解教师是反思型实践者。运用批判性思维方法,养成从学生学习、课程教学、学科理解等不同角度反思分析问题的习惯。掌握教育实践研究的方法和指导学生科研的技能,具有一定的创新意识和教育教学研究能力",这一变化体现了"教学研究能力"在卓越教师培养中的重要性。教师的专业素养是教师植根于实

---

① 冯霞敏. 信息化教学的本质与要素[J]. 江苏教育研究,2017(03): 14-16.

践情境、在与实践情境的互动中理解实践情境、通过反思自身实践经验而获得发展的,核心是教师的实践能力与研究能力。① 可见,教学研究能力或者称为"教学学术能力"是提升教师专业素养的关键,是帮助教师发展成为"专家型教师"甚至"教育家型教师"不可或缺的能力素养。因此,专业应对反思与研究能力培养进行体系化设计与养成性实施评价。一是以"养成反思习惯"为目标,既开设专题进行习得化培养,结合学科类和教育类课程教学渗透反思与批判性思维培养,帮助师范生理解反思价值,树立教师是实践性反思者角色意识,能够独立思考判断,自主分析解决问题。注重在见习、研习、实习全程,指导师范生学会从学生学习、课程教学、学科理解等不同角度,收集分析自身实践活动信息,自我诊断,自我改进。二是以"具有一定的教育教学研究能力"为目标,通过专题课程、科研活动、实习课题和毕业论文(设计)等混合式研究实践,掌握研究教育实践的一般方法,经历体验研究过程,能够在教学实践中指导学生开展科研活动,初步学会批判性分析与创新性研究解决教育教学问题。

提升国际素养。第三级认证在标准中增加了"国际视野"的二级指标,要求师范生"具有全球意识和开放心态,了解国外基础教育改革发展的趋势和前沿动态。积极参与国际教育交流。尝试借鉴国际先进教育理念和经验进行教育教学"。教师国际素养的提升是有效推进基础教育国际化的关键环节。"教师国际素养"包含两层含义,一是兼顾吸收国外优质教育思想与坚守本土教育自主自信间的平衡,二是从人的全面发展理念出发,引导学生体验世界多元而卓越的文明。② 国际视野的养成,需要专业设计专题性、参与性和实践性的培养内容和路径,指导师范生树立全球意识,拓宽国际视野,增进国际理解,以开放的心态关注全球重大的社会与教育发展问题,了解国外教育改革发展趋势和学科教育前沿动态,同时积极

---

① 林红、陈锁明、朱志勇.锤炼"学术型教师":让优秀教师卓越绽放[J].中小学管理,2018(02):42-44.
② 王晓宁,浦小松.基础教育国际化视野中的教师国际素养测评研究[J].基础教育,2017,14(05):61-75.

为学生提供国际交流和实习的机会,帮助师范生学习体验国际先进教育理念和经验,并尝试与自己的教学实践相结合。

提升自主发展能力。第三级认证在标准中增加了"自主学习"的二级指标,要求师范生:"具有终身学习与专业发展意识。了解专业发展核心内容和发展阶段路径,能够结合就业愿景制定自身学习和专业发展规划。养成自主学习习惯,具有自我管理能力。"在教师自主发展的过程中,自主发展的需要和意识是教师专业发展的内在动力和前提条件;自主发展的行为是自主意识的体现;自我管理和规划在教师的自主发展中起着宏观指导和微观调控的作用。[①] 这三者是提升自主发展能力不可缺少的条件。因此,专业应注重培养师范生终身学习的观念和专业发展的意识,积极创设条件,帮助师范生养成自主学习的习惯,在教学反思、行动研究、合作学习等实践体验中掌握教师专业发展的核心内容、成长阶段和路径方法,同时要帮助师范生提升自我管理能力,在分析自我的基础上,明确发展方向,选择合适的自我管理策略,制定并实施专业学习和发展规划,并不断对自己的状况进行评估,及时发现问题、调整策略、总结经验,使自我发展能够持续、有效地进行。

2) 培养模式与教学方法改革

深化协同培养机制。第三级认证对高校与地方政府、基础教育单位"三位一体"协同培养机制提出了更高要求。在"课程设置"指标上,强调"跟踪对接基础教育课程改革前沿",建立利益性相关方参与研讨论证专业课程设置的制度。在"协同育人"指标上,强调提高协同育人的层次和深度,包括与地方教育行政部门和基础教育单位协同制定培养目标、设计课程体系、共建共享优质教育资源、联合开展教育理论与实践课题研究、建设职前职后一体化教师专业发展平台、评价培养质量等,形成教师培养、培训、研究和服务一体化的合作共同体(表5-4)。

---

① 杨馥卿,葛永庆,王京华.自主意识、自主行动、自我管理——教师自主发展的必由之路[J].教育探索,2008(10):97-98.

表 5-4　中学教育第二、第三级专业认证标准的部分指标比较

中学教育专业认证(第二级)	中学教育专业认证(第三级)
3.1 【课程设置】 课程设置应符合中学教师专业标准和教师教育课程标准要求,能够支撑毕业要求达成。	3.1 【课程设置】 课程设置应符合中学教师专业标准和教师教育课程标准要求,跟踪对接基础教育课程改革前沿,能够支撑毕业要求达成。
4.1 【协同育人】 与地方教育行政部门和中学建立权责明晰、稳定协调、合作共赢的"三位一体"协同培养机制,基本形成教师培养、培训、研究和服务一体化的合作共同体。	4.1 【协同育人】 与地方教育行政部门和中学建立权责明晰、稳定协调、合作共赢的"三位一体"协同培养机制,协同制定培养目标、设计课程体系、建设课程资源、组织教学团队、建设实践基地、开展教学研究、评价培养质量,形成教师培养、培训、研究和服务一体化的合作共同体。

推动以师范生为中心的培养机制与教学方法改革。第三级认证在课程内容、课程实施、学生需求、学业监测、持续支持等多项指标上,强调"以师范生为中心"理念的具体落实。首先,在课程内容方面,要求注重综合性,加强学科内、学科间、学科与教育、学科与生活等综合性学习,形成促进师范生主体发展的、以"参与、质疑、合作、体验"为标志的课程学习制度文化和行为文化。在课程实施方面,要求推动以师范生为中心的教学方法变革,推进参与式、体验式、探究式、合作式学习,着力提升师范生的学习能力、实践能力和创新能力,充分利用信息技术变革教师教学方式和师范生学习方式,提升师范生信息素养和利用信息技术促进教学的能力,充分利用第二课堂,促进其从教信念和专业素养的养成,培养师范生自主学习、自我管理的能力。在学生需求方面,鼓励跨院、跨校选修课程,为师范生的自主选择和发展提供足够的空间。在学业监测方面,鼓励师范生自我监测和自我评价并及时形成指导意见和改进策略,提升师范生的自主发展能力。此外,第三级认证还增加了"持续支持"指标,要求专业对毕业生进行跟踪服务,了解毕业生专业发展需求,为毕业生提供持续学习的机会和平台,助力师范生的终身发展(表5-5)。

表5-5　中学教育第二、第三级专业认证标准的部分指标比较

中学教育专业认证(第二级)	中学教育专业认证(第三级)
3.3　【课程内容】 课程内容注重基础性、科学性、实践性,将社会主义核心价值观、师德教育有机融入课程教学中。选用优秀教材,吸收学科前沿知识,引入课程改革和教育研究最新成果、优秀中学教育教学案例,并能够结合师范生学习状况及时更新、完善课程内容。	3.3　【课程内容】 课程内容注重基础性、科学性、综合性、实践性,将社会主义核心价值观、师德教育有机融入课程教学中。选用优秀教材,吸收学科前沿知识,引入课程改革和教育研究最新成果、优秀中学教育教学案例,并能够结合师范生学习状况及时更新、完善课程内容,形成促进师范生主体发展的多样性、特色化的课程文化。
3.4　【课程实施】 重视课堂教学在培养过程中的基础作用。依据毕业要求制定课程目标和教学大纲,教学内容、教学方法、考核内容与方式应支持课程目标的实现;能够恰当运用案例教学、探究教学、现场教学等方式,合理应用信息技术,提高师范生学习效果;课堂教学、课外指导和课外学习的时间分配合理,技能训练课程实行小班教学,使师范生养成自主学习能力和"三字一话"等从教基本功。	3.4　【课程实施】 重视课堂教学在培养过程中的基础作用。依据毕业要求制定课程目标和教学大纲,教学内容、教学方法、考核内容与方式应支持课程目标的实现。注重师范生的主体参与和实践体验,注重以课堂教学、课外指导提升自主学习能力,注重应用信息技术推进教与学的改革。技能训练课程实行小班教学,形式多样,富有成效,师范生"三字一话"等从教基本功扎实。校园文化活动具有教师教育特色,有利于师范生养成从教信念、专业素养与创新能力。
8.2　【学生需求】 了解师范生发展诉求,加强学情分析,设计兼顾共性要求与个性需求的培养方案与教学管理制度,为师范生发展提供空间。	8.2　【学生需求】 充分了解师范生发展诉求,加强学情分析。设计兼顾共性要求与个性需求的培养方案与教学管理制度,鼓励跨院、跨校选修课程,为师范生的自主选择和发展提供足够的空间。
8.3　【成长指导】 建立师范生指导与服务体系,加强思想政治教育,能够适时为师范生提供生活指导、学习指导、职业生涯指导、就业创业指导、心理健康指导等,满足师范生成长需求。	8.3　【成长指导】 建立完善的师范生指导与服务体系,加强思想政治教育,能够适时为师范生提供生活指导、学习指导、职业生涯指导、就业创业指导、心理健康指导等,满足师范生成长需求,并取得实效。

（续表）

中学教育专业认证（第二级）	中学教育专业认证（第三级）
8.4 【学业监测】 建立形成性评价机制，监测师范生的学习进展情况，保证师范生在毕业时达到毕业要求。	8.4 【学业监测】 建立形成性评价机制，对师范生在整个学习过程中的表现进行跟踪与评估，鼓励师范生自我监测和自我评价，及时形成指导意见和改进策略，保证师范生在毕业时达到毕业要求。
【持续支持】无该项指标	8.7 【持续支持】对毕业生进行跟踪服务，了解毕业生专业发展需求，为毕业生提供持续学习的机会和平台。

提升实践教学质量。相比第二级认证，第三级认证对实践教学的质量提出了更高标准。首先，对于实习基地，不仅要求数量上满足师范生实习需求，还提出了"质"的要求，包括具有良好的校风、较强的师资力量、学科优势、管理优势、课程资源优势和教改实践优势，其中示范性教学实践基地不少于三分之一。在实践教学体系方面，强调教育见习、教育实习、教育研习等环节间的相互贯通和有机联系，并要求保证师范生实习期间的上课类型。对教育实践"双导师"制度提出更高标准，除要求保证导师数量、明确责权外，要求导师队伍"水平高，稳定性强，协同育人"。此外，在教育实践的管理评价方面，要求通过建立实践教学质量标准，实施全过程质量监控等提升实践教学的规范性，同时采取过程评价与成果考核评价相结合的方式，全面、客观、多样化地对实践能力和教育教学反思能力进行科学有效评价，并据此改进实践教学工作，不断提高实践教学质量（表5-6）。

表5-6　中学教育第二、第三级专业认证标准的部分指标比较

中学教育专业认证（第二级）	中学教育专业认证（第三级）
4.2 【实践基地】 教育实践基地相对稳定，能够提供合适的教育实践环境和实习指导，满足师范生教育实践需求。每20个实习生不少于1个教育实践基地。	4.2 【基地建设】 建有长期稳定的教育实践基地。实践基地具有良好的校风，较强的师资力量、学科优势、管理优势、课程资源优势和教改实践优势。每20个实习生不少于1个教育实践基地，其中，示范性教育实践基地不少于三分之一。

（续表）

中学教育专业认证（第二级）	中学教育专业认证（第三级）
4.3 【实践教学】 实践教学体系完整，专业实践和教育实践有机结合。教育见习、教育实习、教育研习贯通，涵盖师德体验、教学实践、班级管理实践和教研实践等，并与其他教育环节有机衔接。教育实践时间累计不少于一学期。学校集中组织教育实习，保证师范生实习期间的上课时数。	4.3 【实践教学】 实践教学体系完整，专业实践和教育实践有机结合。教育见习、教育实习、教育研习递进贯通，涵盖师德体验、教学实践、班级管理实践和教研实践等，并与其他教育环节有机衔接。教育实践时间累计不少于一学期。学校集中组织教育实习，保证师范生实习期间的上课时数和上课类型。
4.4 【导师队伍】 实行高校教师与优秀中学教师共同指导教育实践的"双导师"制度。有遴选、培训、评价和支持教育实践指导教师的制度与措施。"双导师"数量充足，相对稳定，责权明确，有效履职。	4.4 【导师队伍】 实行高校教师与优秀中学教师共同指导教育实践的"双导师"制度。有遴选、培训、评价和支持教育实践指导教师的制度与措施。"双导师"数量足，水平高，稳定性强，责权明确，协同育人，有效履职。
4.5 【管理评价】 教育实践管理较为规范，能够对重点环节实施质量监控。实行教育实践评价与改进制度。依据相关标准，对教育实践表现进行有效评价。	4.5 【管理评价】 教育实践管理规范，能够对全过程实施质量监控。严格实行教育实践评价与改进制度。具有教育实践标准，采取过程评价与成果考核评价相结合方式，对实践能力和教育教学反思能力进行科学有效评价。

3）招生与就业环节

良好的生源质量是师范生培养质量和毕业要求达成的基础。第三级认证在生源质量方面，要求专业建立符合教师教育特点的制度措施，进一步推进综合评价录取改革，设计新生准入的综合素质能力要求，包括专业意向、文化基础、品德素养、知识水平、表达能力、艺术修养和心理素质等，把好生源质量关，吸引"乐教、适教"的优秀生源攻读专业。此外，在就业率和获证率这两项衡量师范院校培养质量的重要指标上，第三级认证对就业率提出了"初次就业率不低于75％"的量化指标，并将获得教师资格证书的比例从第二级的"75％"提高为"85％"，要求专业重视毕业生的获证率和初次就业率,出台支持学生参加教师资格考试的制度,采取有效措施推动就业工作(表5-7)。

表5-7　中学教育第二、第三级专业认证标准的部分指标比较

中学教育专业认证(第二级)	中学教育专业认证(第三级)
8.1【生源质量】 建立有效的制度措施,能够吸引志愿从教、素质良好的生源。	8.1【生源质量】 建立符合教师教育特点的制度措施,能够吸引乐教、适教的优秀生源。
8.5【就业质量】 毕业生的初次就业率不低于本地区高校毕业生就业率的平均水平,获得教师资格证书的比例不低于75%,且主要从事教育工作。	8.5【就业质量】 毕业生的初次就业率不低于75%,获得教师资格证书的比例不低于85%,且主要从事教育工作。

4) 支持与保障

优化教师教育师资队伍。数量充足、结构合理是师资队伍建设的基本要求。首先,从培养"基础扎实"的师范生出发,第三级认证对生师比、硕博比和高级职称比提出了更高的标准,分别为"不高于16∶1"、"不低于80%"和"高于学校平均水平",且要求高级职称教师必须为师范生上课,担任师范生导师;其次,从培养"能力突出"的师范生出发,要求配足配强教师教育课程教师,学科课程与教学论教师不少于3人,且具有半年以上境外研修经历教师占教师教育课程教师比例不低于20%,要求优化基础教育一线的兼职教师队伍,选聘省市级学科带头人、特级教师、高级教师,通过深度参与师范生培养工作,帮助师范生形成较强的从教能力和解决教学实际问题的能力。

除了教师数量结构之外,教师队伍的素质能力更直接影响这师范生培养的质量。第三级认证要求教师具有突出的课堂教学、课程开发、信息技术应用和学习指导等教育教学能力,且能跟踪学科前沿,具备较强的研究能力和创新能力。此外,为了加强师范生培养与基础教育改革需求的适应度,加强师范生培养工作的

针对性与实效性,要求教师定期深入中学一线进行实践锻炼,规定每五年至少有一年中学教育服务经历(表 5－8)。

表 5－8　中学教育第二、第三级专业认证标准的部分指标比较

中学教育专业认证(第二级)	中学教育专业认证(第三级)
5.1　【数量结构】 专任教师数量结构能够适应本专业教学和发展的需要,生师比不高于 18∶1,硕士、博士学位教师占比一般不低于 60％,高级职称教师比例不低于学校平均水平,且为师范生上课。配足建强教师教育课程教师,其中学科课程与教学论教师原则上不少于 2 人。基础教育一线兼职教师素质良好、队伍稳定,占教师教育课程教师比例不低于 20％。	5.1　【数量结构】 专任教师数量结构能够适应本专业教学和发展的需要,生师比不高于 16∶1,硕士、博士学位教师占比不低于 80％,高级职称教师比例高于学校平均水平,且为师范生上课、担任师范生导师。配足建强教师教育课程教师,其中学科课程与教学论教师原则上不少于 3人,具有半年以上境外研修经历教师占教师教育课程教师比例不低于 20％。基础教育一线的兼职教师队伍稳定,占教师教育课程教师比例不低于 20％,原则上为省市级学科带头人、特级教师、高级教师,能深度参与师范生培养工作。
5.2　【素质能力】 遵守高校教师职业道德规范,为人师表,言传身教;以生为本、以学定教,具有较强的课堂教学、信息技术应用和学习指导等教育教学能力;勤于思考,严谨治学,具有一定的学术水平和研究能力。具有职前养成和职后发展一体化指导能力,能够有效指导师范生发展与职业规划。师范生对本专业专任教师、兼职教师师德和教学具有较高的满意度。	5.2　【素质能力】 遵守高校教师职业道德规范,为人师表,言传身教;以生为本、以学定教,具有突出的课堂教学、课程开发、信息技术应用和学习指导等教育教学能力;治学严谨,跟踪学科前沿,研究能力和创新能力较强。具有职前养成和职后发展一体化指导能力,能够有效指导师范生发展与职业规划。师范生对本专业专任教师、兼职教师师德和教学具有较高的满意度。
5.3　【实践经历】 教师教育课程教师熟悉中学教师专业标准、教师教育课程标准和中学教育教学工作,至少有一年中学教育服务经历,其中学科课程与教学论教师具有指导、分析、解决中学教育教学实际问题的能力,并有一定的基础教育研究成果。	5.3　【实践经历】 教师教育课程教师熟悉中学教师专业标准、教师教育课程标准和中学教育教学工作,每 5 年至少有一年中学教育服务经历,能够指导中学教育教学工作,并有丰富的基础教育研究成果。

(续表)

中学教育专业认证(第二级)	中学教育专业认证(第三级)
5.4 【持续发展】 制定并实施教师队伍建设规划。建立教师培训和实践研修制度。建立专业教研组织,定期开展教研活动。建立教师分类评价制度,合理制定学科课程与教学论等教师教育实践类课程教师评价标准,评价结果与绩效分配、职称评聘挂钩。探索高校和中学"协同教研"、"双向互聘"、"岗位互换"等共同发展机制。	5.4 【持续发展】 制定并实施教师队伍建设规划。教师培训和实践研修机制完善;建立专业教研组织,定期开展教研活动。建立教师分类评价制度,合理制定学科课程与教学论等教师教育实践类课程教师评价标准,评价结果与绩效分配、职称评聘挂钩。高校和中学"协同教研"、"双向互聘"、"岗位互换"等共同发展机制健全、成效显著。

完善资源投入保障机制。为了支撑课程教学与专业实践活动的开展,保障毕业要求和培养目标的达成,第三级认证在支持条件指标上也提高或增加了相关要求。例如,在经费保障方面,教学日常运行支出、生均教学日常运行支出、生均教育实践经费支出的最低标准有所提高;在设施保障方面,要求建有"在线教学观摩指导平台"满足远程见习的需要,同时"信息化教育设施能够支撑专业教学改革与师范生学习方式转变。教育教学设施管理、维护、更新和共享机制顺畅,师范生使用便捷、充分";在资源保障方面,要求"有国内外多种版本中学教材",支持国际化素养的培养(表5-9)。

表5-9 中学教育第二、第三级专业认证标准的部分指标比较

中学教育专业认证(第二级)	中学教育专业认证(第三级)
6.1 【经费保障】 专业建设经费满足师范生培养需求,教学日常运行支出占生均拨款总额与学费收入之和的比例不低于13%,生均教学日常运行支出不低于学校平均水平,生均教育实践经费支出不低于学校平均水平。教学设施设备和图书资料等更新经费有标准和预决算。	6.1 【经费保障】 专业建设经费满足师范生培养需求,教学日常运行支出占生均拨款总额与学费收入之和的比例不低于15%,生均教学日常运行支出高于学校平均水平,生均教育实践经费支出高于学校平均水平。教学设施设备和图书资料等更新经费有标准和预决算。

（续表）

中学教育专业认证（第二级）	中学教育专业认证（第三级）
6.2 【设施保障】 教育教学设施满足师范生培养要求。建有中学教育专业教师职业技能实训平台，满足"三字一话"、微格教学、实验教学等实践教学需要。信息化教育设施能够适应师范生信息素养培养要求。建有教育教学设施管理、维护、更新和共享机制，方便师范生使用。	6.2 【设施保障】 教育教学设施完备。建有中学教育专业教师职业技能实训平台和在线教学观摩指导平台，满足"三字一话"、微格教学、实验教学、远程见习等实践教学需要。信息化教育设施能够支撑专业教学改革与师范生学习方式转变。教育教学设施管理、维护、更新和共享机制顺畅，师范生使用便捷、充分。
6.3 【资源保障】 专业教学资源满足师范生培养需要，数字化教学资源较为丰富，使用率较高。生均教育类纸质图书不少于 30 册。建有中学教材资源库和优秀中学教育教学案例库，其中现行中学课程标准和教材每 6 名实习生不少于 1 套。	6.3 【资源保障】 专业教学资源及数字化教学资源丰富，使用率高。教育类纸质图书充分满足师范生学习需要。建有中学教材资源库和优秀中学教育教学案例库，有国内外多种版本中学教材，其中现行中学课程标准和教材每 6 名实习生不少于 1 套。

完善教学质量保障机制。第三级认证更强调质量保障机制的完善度和有效度。保障体系方面，要求建立"完善"的教学质量保障体系，各主要教学环节有"清晰明确、科学合理"的质量要求；内部监控方面，要求运用信息技术对各主要教学环节质量实施"全程"监控与"常态化"评价；外部评价方面，要求建立毕业生"持续"跟踪反馈机制；持续改进方面，强调在有效的内部监控与外部评价的基础上，建立持续评价与持续改进的闭环，"形成追求卓越的质量文化"（表 5-10）。

表 5-10　中学教育第二、第三级专业认证标准的部分指标比较

中学教育专业认证（第二级）	中学教育专业认证（第三级）
7.1 【保障体系】 建立教学质量保障体系，各主要教学环节有明确的质量要求。质量保障目标清晰，任务明确，机构健全，责任到人，能够有效支持毕业要求达成。	7.1 【保障体系】 建立完善的教学质量保障体系，各主要教学环节有清晰明确、科学合理的质量要求。质量保障目标清晰，任务明确，机构健全，责任到人，能够有效支持毕业要求达成。

（续表）

中学教育专业认证（第二级）	中学教育专业认证（第三级）
7.2 【内部监控】 建立教学过程质量常态化监控机制，定期对各主要教学环节的质量实施监控与评价，保障毕业要求达成。	7.2 【内部监控】 建立教学质量监控与评价机制并有效执行，运用信息技术手段对各主要教学环节质量实施全程监控与常态化评价，保障毕业要求达成。
7.3 【外部评价】 建立毕业生跟踪反馈机制以及基础教育机构、教育行政部门等利益相关方参与的社会评价机制，对培养目标的达成度进行定期评价。	7.3 【外部评价】 建立毕业生持续跟踪反馈机制以及基础教育机构、教育行政部门等利益相关方参与的多元社会评价机制，对培养目标的达成度进行定期评价。
7.4 【持续改进】 定期对校内外的评价结果进行综合分析，有效使用分析结果，推动师范生培养质量持续改进和提高。	7.4 【持续改进】 定期对校内外的评价结果进行综合分析，有效使用分析结果，推动师范生培养质量的持续改进和提高，形成追求卓越的质量文化。

4. 中学、小学、学前教育认证标准对比分析

中学与小学认证标准比较。两者总体差异不大，主要体现在教学内容方面，即小学更注重活动和情境的设计、注重学科的综合，中学则更为关注学科性。以第二级认证为例，具体在指标中的反映是：在毕业要求的"学科素养"方面，小学强调师范生除了掌握主教、兼教学科的基本知识、原理、技能外，还要"了解学科整合在小学教育中的价值"，了解所教学科与"小学生生活实践的联系"；在"课程结构"方面，中学要求"学科专业课程学分不低于总学分的 50％"，小学则要求"不低于 35％"；在师资队伍"数量结构"方面，中学要求"学科课程与教学论教师原则上不少于 2 人"，小学则无硬性数量标准，只要求"学科专业课程教师能够满足专业教学需要"。

学前教育与中小学认证标准比较。学前教育与中小学教育最大的不同在于其不以传授系统的知识技能为主要目的，而把培养身体、认知、情感、社会性等各方面和谐发展的"完整的儿童"作为根本任务。同时，幼儿在学习方式上又具有其特殊性，幼儿不同于中小学生主要依靠课本学习，而是在周围的环境中学习，大自然大社会就是幼儿的"活教材"。因此，教师需要从大自然大社会中选择幼儿感兴趣的、富有教育价值的内容来支持、引导其学习。① 幼儿身心发展的特点和需要决定了"保教结合"是学前教育的基本原则和对教师的基本专业要求。

保教结合的特点,决定了学前教育专业的认证指标在毕业要求上与中学和小学有着较大差异。例如,在教育知识方面,中小学的指标为"学科素养",强调学科知识和学科整合,而学前教育的指标为"保教知识",强调幼儿学习发展领域知识、幼儿保育和教育知识;在教育能力方面,中小学的指标为"教学能力",强调教学设计、实施和评价的教学技能,而学前教育的指标为"保教能力",强调"一日生活的组织与保育"能力;在综合育人方面,中小学更多的是通过学科教学和主题教育、社团活动等进行育人,而学前教育则强调"环境育人",要求教师将教育灵活地渗透到一日生活中,充分利用各种教育契机,对幼儿进行随机教育,培育幼儿良好的意志品质和行为习惯(表5-11)。

表5-11　小学与学前教育专业认证(第二级)毕业要求指标对比

小学教育专业认证(第二级)毕业要求指标	学前教育专业认证(第二级)毕业要求指标
2.2 【教育情怀】具有从教意愿,认同教师工作的意义和专业性;具有积极的情感、端正的态度、正确的价值观。具有人文底蕴和科学精神,尊重学生人格,富有爱心、责任心、事业心,工作细心、耐心,做学生锤炼品格、学习知识、创新思维、奉献祖国的引路人。	2.2 【教育情怀】具有从教意愿,认同教师工作的意义和专业性,具有积极的情感、端正的态度、正确的价值观。具有人文底蕴和科学精神,尊重幼儿人格,富有爱心、责任心,工作细心、耐心,做幼儿健康成长的启蒙者和引路人。
2.3 【学科素养】具有一定的人文与科学素养。掌握主教学科的基本知识、基本原理和基本技能,理解学科知识体系基本思想和方法。了解兼教学科的基本知识、基本原理和技能,并具备一定的其他学科基本知识,对学习科学相关知识有一定的了解。了解学科整合在小学教育中的价值,了解所教学科与其他学科的联系,以及与社会实践、小学生生活实践的联系。	2.3 【保教知识】具有一定的科学和人文素养,理解幼儿身心发展规律和学习特点,了解相关学科基本知识,掌握幼儿园教育教学的基本方法和策略,注重知识的联系和整合。

① 冯晓霞.幼儿园教师的专业知识[J].学前教育研究,2012(10):3-12.

（续表）

小学教育专业认证(第二级)毕业要求指标	学前教育专业认证(第二级)毕业要求指标
2.4 【教学能力】在教育实践中,能够依据所教学科课程标准,针对小学生身心发展和认知特点,运用学科教学知识和信息技术,进行教学设计、实施和评价,获得教学体验,具备教学基本技能,具有初步的教学能力和一定的教学研究能力。	2.4 【保教能力】能够依据《幼儿园教育指导纲要(试行)》和《3—6 岁儿童学习与发展指南》,根据幼儿身心发展规律和学习特点,运用幼儿保育与教育知识,科学规划一日生活、科学创设环境、合理组织活动。具有观察幼儿、与幼儿谈话并能记录与分析的能力;具有幼儿园活动评价能力。
2.5 【班级指导】树立德育为先理念,了解小学德育原理与方法。掌握班级组织与建设的工作规律和基本方法;能够在班主任工作实践中,参与德育和心理健康教育等教育活动的组织与指导,获得积极体验。	2.5 【班级管理】掌握幼儿园班级的特点,建立班级秩序与规则,合理规划利用时间与空间,创设良好班级环境,充分利用各种教育资源,建立良好的同伴关系和师幼关系,营造良好班级氛围。为人师表,发挥自身的榜样作用。
2.6 【综合育人】了解小学生身心发展和养成教育规律。理解学科育人价值,能够有机结合学科教学进行育人活动。了解学校文化和教育活动的育人内涵和方法,参与组织主题教育、少先队活动和社团活动,促进学生全面、健康发展。	2.6 【综合育人】了解幼儿社会性——情感发展的特点和规律,注重培育幼儿良好意志品质和行为习惯。理解环境育人价值,了解园所文化和一日生活对幼儿发展的价值,充分利用多种教育契机,对幼儿进行教育。综合利用幼儿园、家庭和社区各种资源全面育人。

第六章

师范类专业认证的实践探索

随着《普通高等学校师范类专业认证实施办法（暂行）》（以下简称《实施办法（暂行）》）的发布，教育部将开展全国范围内的师范类专业认证工作。师范类专业认证在我国处于起步阶段，尚无完善的理论和实践案例分析。本章介绍了我国师范类专业认证实施的组织架构、认证流程和学校自评自建要点。学校自评自建是师范类专业认证的重要阶段，也是整个认证工作的基础，本章第二节对照认证标准的八个一级指标，分析学校、专业、教师三者的职责，以便为各高校参加师范类专业认证提供实践性的支持。

一、 师范类专业认证组织管理

师范类专业认证组织管理是保证整个认证工作规范、有序、高效运行的前提。我国师范类专业认证采用"统一体系、学校申请、省部协同"的认证办法，充分发挥学校主体作用，在师范类专业开展自我评估的基础上自愿申请认证。[①]

---

① 教育部教师工作司，教育部高等教育教学评估中心.培养新时代大国良师——普通高等学校师范类专业认证工作指南[Z].2018：3.

（一）认证组织架构

师范类专业认证实行中央和省级政府分级负责，教育部和省级教育行政部门加强统筹协同，共同组织实施。组织架构包括：教育行政部门、教育评估机构和认证专家组织，三者分工负责，协同推进师范类专业认证工作。

1. 教育行政部门

教育部教师工作司和高等教育教学评估中心2018年1月发布《普通高等学校师范类专业认证工作指南（试行）》（以下简称《工作指南（试行）》，对教育行政部门的职责进行了详细说明。教育部是全国师范类专业认证的总负责部门，制定师范类专业认证实施办法、标准等政策文件，组建专家库。省级教育行政部门在遵循教育部发布的认证实施办法、标准的前提下，结合地方实际情况制定本地区的认证实施方案，委托教育评估机构实施认证，成立专家组织，指导、监督认证实施过程。

2. 教育评估机构

教育部高等教育教学评估中心作为最高级别的教育评估机构，负责组织实施全国师范类专业认证工作，主要负责"师范类专业第一级监测、第三级认证以及中央部门所属高校和相应委托省份的第二级组织实施"[①]。评估中心为认证的有序开展提供理论、方法、技术、人员等基础保障及服务，例如建立国家师范类专业认证专家库，并提供业务指导；建设教师教育质量监测平台及师范类专业认证管理信息系统平台，实现认证全过程管理；编写《普通高等学校师范类专业认证工作指南》《普通高等学校师范类专业认证自评报告撰写指导书》等重要文件，为认证提供依据；为参加师范类专业认证的学校提供培训、辅导与咨询服务。

师范类专业量大面广，为了有效推进师范类专业认证工作，由省级教育行政

---

① 教育部教师工作司，教育部高等教育教学评估中心.培养新时代大国良师——普通高等学校师范类专业认证工作指南[Z].2018：6.

部门推荐,经过教育部普通高等学校师范类专业认证专家委员会认定,教育部认定了11家教育评估机构具备开展第二级师范类专业认证工作的资质。这11家教育评估机构可接受省级教育行政部门委托,按照该地区师范类专业认证实施方案,负责具体组织实施和推进该省份师范类专业第二级认证工作。

3. 认证专家组织

认证的主要目的是为了持续改进,专家的反馈意见是专业改进的智慧支撑,所以,组建一支懂教学、懂就业市场、懂管理、懂认证理念的专家队伍非常重要。教育部成立了普通高等学校师范类专业认证专家委员会,负责全国师范类专业认证工作的规划与咨询、指导和检查,具体职责是负责对承担师范类专业第二级认证的省级教育评估机构进行元评估;负责对师范类专业认证专家进行资质认定;负责全国师范类专业认证的结论审定,受理认证结论异议的申诉等。[①]

普通高等学校师范类专业认证专家委员会的人数远远不足以承担全国师范类专业认证的咨询、指导和检查工作,因此省级教育行政部门成立相应专家组织,负责对接受委托的教育评估机构认证工作的开展情况进行指导和监督。

(二) 认证工作程序

目前师范类专业认证采取常态监测与周期性认证相结合、在线监测与进校考察相结合、定量分析与定性判断相结合、学校举证与专家查证相结合等多种认证方法,多维度、多视角监测评价师范类专业教学质量状况。[②]《普通高等学校师范类专业认证办法(暂行)》对师范类专业认证工作程序进行了详细说明:师范类专

---

① 教育部教师工作司,教育部高等教育教学评估中心.培养新时代大国良师——普通高等学校师范类专业认证工作指南[Z].2018:7.

② 教育部.教育部关于印发《普通高等学校师范类专业认证办法(暂行)》的通知[EB/OL].(2017-10-26)[2019-02-24].http://www.moe.gov.cn/srcsite/A10/s7011/201711/t20171106_318535.html.

业认证第一级采取网络平台数据采集方式,对师范类专业办学基本信息进行常态化监测。第二、三级采取专家进校考察方式,对师范类专业教学质量状况进行周期性认证,认证程序包括申请与受理、专业自评、材料审核、现场考察、结论审议、结论审定、整改提高等 7 个阶段。①

1. 第一级监测

每年度高校通过高等教育质量监测国家数据平台进行数据填报,填报完成的数据进入教师教育质量监测系统,与全国教师管理信息系统和中国高等教育学生信息网(学信网)的数据进行比对,生成相应的《普通高等学校师范类专业认证专业教学状态数据分析报告》(以下简称《专业教学状态数据分析报告》),用以作为第二级和第三级师范类专业认证受理的佐证材料之一。目前该报告在常态数据录入的基础上,主要增加 14 张专门用于收集师范类专业建设情况的补充数据表,从认证标准的角度来看,包括五大模块的基础数据:课程与教学、合作与实践、师资队伍、支持条件、学生发展。

填报数据应明确每张表的统计范围。从时间上说主要有三类:时点、自然年、学年,时点是指截止到填报当天,比如 2019 年 2 月 22 日;学年是指教育年度,比如 2018 年 9 月 1 日至 2019 年 8 月 31 日;自然年是指自然年度,比如 2019 年 1 月 1 日至 2019 年 12 月 31 日。从学生范围上来说,统计对象可能是一届学生,也可能是四届学生,比如《师范类专业应届毕业生情况》统计的是应届毕业生情况,其他和学生相关的表基本上都是统计自然年或学年所有在校生(四届)的数据。除此之外,表与表之间的数据存在着内在逻辑关系,数据报告中一个指标点的计算通常涉及多张表格中的数据,因此需高度重视数据的准确性和真实性,高校在自评自建过程中注意核查各指标点的达标情况。

---

① 教育部. 教育部关于印发《普通高等学校师范类专业认证办法(暂行)》的通知[EB/OL]. (2017 - 10 - 26)[2019 - 02 - 24]. http://www.moe.gov.cn/srcsite/A10/s7011/201711/t20171106_318535.html.

2. 第二级认证

申请与受理。有三届以上毕业生的师范类专业所在高校向省级教育行政部门委托的教育评估机构提交认证申请;中央部门所属高校向教育部评估中心提交认证申请。[①] 教育评估机构组织专家审核申请材料。审核通过的专业进入专业自评阶段。

专业自评。专业自评时间为1年左右。认证受理后学校成立认证领导及工作小组,制定详细的工作方案,营造认证文化。专业对照认证标准自评自建,找出短板并补齐,如果短期内无法达到标准,也应形成改进机制。专业按要求填报数据,撰写自评报告,准备其他佐证材料。

材料审核。教育评估机构组织专家对《自评报告》、《专业教学状态数据分析报告》、《本科教学质量报告》等材料进行审核。审核通过,认证工作进入现场考察阶段;审核不通过,专业根据专家意见进行自建自改,直至通过专家审核后方可进入现场考察阶段。

现场考察。专家进校考察时间为两天半。专家组通过深度访谈、听课看课、考察走访、文卷审阅等方式,对专业达成认证标准情况做出评判,给出现场考察结论建议,并向高校反馈现场意见。

结论审议。教育评估机构组织专家对现场考察专家组认证结论建议进行审议。

结论审定。教育评估机构将审议结果报教育主管部门同意后,提交教育部认证专家委员会审定。认证结论分为"通过,有效期6年"、"有条件通过,有效期6年"、"不通过"三种。认证结论适时公布。[②]

---

① 教育部教师工作司,教育部高等教育教学评估中心. 培养新时代大国良师——普通高等学校师范类专业认证工作指南[Z]. 2018:7.

② 教育部. 教育部关于印发《普通高等学校师范类专业认证办法(暂行)》的通知[EB/OL]. (2017-10-26)[2019-02-24]. http://www.moe.gov.cn/srcsite/A10/s7011/201711/t20171106_318535.html.

整改提高。为巩固认证成果,高校依据认证专家现场反馈意见和专家组现场考察报告制定切实可行的整改措施,按要求提交整改报告。教育评估机构组织专家对整改报告进行审查,逾期不提交或整改报告审查不合格,终止其认证有效期。[①] 整改是一个长期工作,高校应将整改过程常态化,促进人才培养质量提高。

3. 第三级认证

申请与受理。有六届以上毕业生的师范类专业所在高校经教育主管部门同意后,向教育部评估中心提交认证申请。教育部评估中心组织专家审核申请材料。审核通过的专业进入专业自评阶段。

专业自评。专业自评时间为1年左右。学校成立认证领导及工作小组,制定详细的工作方案,营造认证文化。专业对照认证标准自评自建,找出短板并补齐,如果短期内无法达到标准,也应形成改进机制。专业按要求填报数据,撰写自评报告,准备其他佐证材料。

材料审核。教育评估机构组织专家对专业《自评报告》、《专业教学状态数据分析报告》、《本科教学质量报告》等材料进行审核。审核通过,认证工作进入现场考察阶段;审核不通过,专业根据专家意见进行自建自改,直至通过专家审核后方可进入现场考察阶段。

现场考察。教育部评估中心组建现场考察专家组,专家进校考察时间为两天半。专家组通过深度访谈、听课看课、考察走访、文卷审阅等方式,对专业达成认证标准情况做出评判,给出现场考察结论建议,并向高校反馈现场意见。

结论审议。教育部评估中心组织专家对现场考察专家组认证结论建议进行审议。

结论审定。教育部评估中心将审议结果报教育部教师工作司同意后,提交教

---

① 教育部. 教育部关于印发《普通高等学校师范类专业认证办法(暂行)》的通知[EB/OL]. (2017-10-26) [2019-02-24]. http://www.moe.gov.cn/srcsite/A10/s7011/201711/t20171106_318535.html.

育部认证专家委员会审定。认证结论分为"通过,有效期 6 年"、"有条件通过,有效期 6 年"、"不通过"三种。认证结论适时公布。[①]

整改提高。为巩固认证成果,高校依据认证专家现场反馈意见和专家组现场考察报告制定切实可行的整改措施,按要求提交整改报告。教育评估机构组织专家对整改报告进行审查,逾期不提交或整改报告审查不合格,终止其认证有效期。[①] 整改是一个长期工作,高校应将整改过程常态化,促进人才培养质量提高。

二、 师范类专业认证高校自评自建的实践探索

(一)学校层面:基于认证思维的新一轮教师教育改革

近年来,我国教师教育工作取得了突出成绩,中国特色的教师教育发展模式正在逐步形式,但也存在以下几个问题:人才培养目标与国家建设一支高素质专业化创新型教师队伍的发展目标无法精准对接、师范类专业办学规范缺乏长效监管机制、教师培养质量标准与教师专业标准以及教师教育课程标准对接不够精准等问题,这些问题会暴露在师范类专业认证的过程中。师范类专业认证作为推进教师教育质量保障体系建设,提高师范生人才培养质量的重要抓手,倒逼学校进行新一轮教师教育改革。学校应充分发挥主体作用,以师范类专业认证为重要契机,明确发展方向、优化专业布局、找准专业定位、提升教学质量,为达成培养造就党和人民满意的高素质专业化创新型教师队伍的建设目标贡献力量。

1. 明确人才培养总目标

人才培养总目标由多方面因素决定。第一是学校类型,当前设立师范专业的

---

① 教育部教师工作司,教育部高等教育教学评估中心.培养新时代大国良师——普通高等学校师范类专业认证工作指南[Z].2018:9.

有师范大学、师范学院、师范高等专科学校、中师以及非师范院校;第二是培养层次,例如培养中学教师、小学教师、幼儿园教师等;第三是学校服务面向,例如服务国家教育、服务所在省市重点中学、服务所在地区;第四是生源,有些学校生源主要以公费师范生为主,有些学校公费师范生和自费师范生人数各占一半,有些学校全部是自费师范生。不同学校承担了不同的育人使命和责任,这就决定了不同的人才培养目标。学校必须明确总体人才培养目标,各师范专业才能在此基础上制定本专业的人才培养目标和毕业要求。学校还需优化人才培养方案,合理规划课程结构,明晰通识教育、专业教师、教师教育三者之间的关系以及每类课程的修读要求,规定实践教学的要求,合理安排使之与理论课程有机融合。

以某综合性大学为例,其师范生培养目标为:"培养有正确的政治信仰,有坚定的教育信念,学科专业知识出众,教育教学素养出色,能够适应并引领中学教育教学改革的专家型教师。"从描述中可见,培养的是未来"专家型教师",培养层次为中学教师,服务国家教育。各师范类专业的培养目标应该是对学校人才培养总目标的细化,本节下一段将分析专业培养目标的内涵和认证要求。

2. 优化师范专业布局

目前,我国教师教育存在以下几个方面的问题:(1)非师范院校培养师范生办学水平有限,就业竞争力弱;(2)师范院校过多,专业办学效益不高;(3)专业发展分散,没有有效的专业群和不能形成立体发展;(4)师范类"一流"专业少,品牌效应不明显。① 学校通过参加师范类专业认证,以认证标准为抓手,找出长短板,精准对焦核心问题,依据认证专家现场反馈意见和专家组现场考察报告进行整改,有助于厘清学校和专业定位,有效提升专业办学质量。师范类专业认证有利

---

① 曹杏田,汪定贵,程跃文.教师教育人才培养质量的提升路径——基于师范专业认证背景的研究[J].集美大学学报(教育科学版),2018,19(06):20-23.

于实现专业动态调整,一方面通过第三级认证的专业,社会声誉将得以提升、生源质量将得以提高、办学资源将得以丰富,并以此发挥示范引领作用,带动其他专业一并实现良性循环;相反,认证结果为"不通过"或者不参加认证的专业将被预警、关停甚至撤销,从而使得专业布局得到合理优化。

师范类专业认证标准仅仅对教师教育发展中必要的基本要素进行了最低标准的要求,可以说是"兜底"监测,即绝大多数是针对教学、教师、科研、管理等领域各种要素的基本原则和基本要求,体现的是教师教育办学基本条件的"合格线"。这就为师范类专业个性化、特色化建设提供了发展的空间。师范类专业可以在满足最低标准的基础上,充分发挥或挖掘其自身的优势,深化内涵建设,使其在专业教育市场的竞争中处于独特的优势地位。因此,对师范类专业认证工作的深层次思考在于,不仅要看到认证标准为教师教育发展提供了有效保障,也要认识到整个认证过程接纳教师教育的特色化和个性化发展,同时要激发这种积极性,因为专业认证工作可以极大地推动教师教育的多样化发展。

3. 全面深化师德养成教育

落实师德新要求,增强师德教育实效性。师范类专业认证标准中"毕业要求"的第一个指标是"践行师德",因此,学校在人才培养过程中应高度重视教师的情感世界,重视师德养成教育的实际落地和对教育教学行动背后的价值意义的深层追问,将师德教育贯穿教师教育全过程,在师范生培养和教师教育课程的必修模块中都要体现。为了深化师德的培养,大部分高校采取了第一课堂与第二课堂相结合的方式,北京师范大学开设了"职业信念与养成教育"课程,对未来教师的职业素质提出了明确的要求;华东师范大学成立孟宪承书院,整体规划师范生师德养成教育;东北师范大学成立"仿吾卓越教师书院",负责学生的师德养成教育;陕西师范大学开设了"教师专业发展与职业道德"课程,非常看重教师专业理想的建立和专业情意的培养。

4. 着力提高实践教学质量

"课程与教学"和"合作与实践"支撑毕业要求的达成,师范类专业认证标准"合作与实践"一级指标详细说明了实践教学应达到的水平。对照标准,学校要做好四个方面的工作:

首先,优化见习、研习和实习一体化的实践教学体系。对优秀教师而言,丰富的实践经验和扎实的教育理论基础是同等重要的,应创造条件让学生循序渐进地接触、了解和体验实践教学,帮助学生尽快进入教师职业角色。构建包括教学观摩、学校体验、课程研修、主题探讨、探究反思、班级管理等环节的见习、研习和实习一体化的实践教学体系,全程渗透、分层推进。见习重在感知和生成问题,研习重在探究和研究问题,实习重在体验和解决问题,三者有机融合。[①] 应设立明确的实践教学目标和具体的实践内容,管理实践教学全过程,并对实践教学的成效进行考核。

其次,建设教师教育实验教学中心,加强师范生教育教学技能实训平台建设。教师教育实验教学中心为师范生实践教学体系提供保障,功能涵盖教育教学技能训练、实验教学研究和综合科学素养训练。硬件上,配备微格训练区、多媒体制作区、技能测训区、普通话训练区、"三字一画"训练区以及辅助的教材及图书阅览室、教师心理学专题训练室等场所。软件上,为学生提供丰富的各学科实践教学资源库,积极开发满足当前基础教育对创新性教学的迫切要求的系列教材和课程;建立教育见习、研习与实习一体化实践教学体系的网络资源支持系统,实现信息、数据、资源的全网络化运行与管理;建立与其他师范大学、中小学校的多学科实验、实践教学资源共建与共享的平台。持续更新建设教师教育实验教学中心,保证师范生实训水平与社会需求同步,中心的场地和设备逐步开放给学生自由预

[①] 陈群,戴立益.卓越教师的培养模式与实践路径[J].中国高等教育,2014(20):27,29+48.

约使用。

再次,加大对基地学校的智力投入,形成合力,共同提高实践育人质量,提升高校教师教育支撑和引领基础教育的能力。共建系列教师专业发展平台,形成中学教师培养、培训、研究和服务一体化的合作共同体。各协同主体之间应有明确的工作目标、协同制度和合作措施。例如,聘任知名中小学特级校长、特级教师担任基础教育特聘教授,并选聘基础教育教师担任学生的兼职导师,作为学生指导教师队伍的优化和补充;设立面向教育实习基地学校一线教师的教育教学研究项目,由高校专家参与和指导,提高基础教育教师的教学研究能力等。

最后,建立信息技术环境下多元化的实践教学评价与改进体系,以保障实践教学质量。规范而有质量的实践教学管理与评价是保证师范生达成毕业要求中教学实践能力规格的重要保障机制。实行实践教学监测、评价与改进制度,依据各学段的教师专业标准和实践教学目标任务,建立规范的实践教学质量标准,使用各类信息化管理平台,对师范生见习、实习、研习的过程进行监控和指导,生成学生实践教学档案袋。使用定性评价和定量评价相结合的方式,评价学生实践表现,并对实践教学环节目标达成度进行分析,形成持续改进的机制。

5. 全面促进师生共发展

教师和学生是教学活动的主体,认证标准中"师资队伍"、"学生发展"对师生的发展提出了明确要求。

教师是教学的实施者,教师的教学能力直接影响课程目标的达成度。学校应成立教师教学发展中心等机构统筹校内教师培训,通过开展形式多样的、覆盖全体教师的教学研修活动营造良好的教研氛围,不断提升教师专业水平和教学能力,尤其是信息化教学能力;还要拓展教师国际视野,建立健全评价机制,全力服务教师职业生涯发展。认证标准中特别提出,"高校教师应有一年基础教育服务经历",可见高校教师除具备较高的专业知识和育人水平外,还需了解基础教育基本情况和改革动态,这项标准有助于解决大学课程不满足基础教育需求,其课程内容与基础教育脱节以及基础教育教师的教学研究能力不强的难题。学校应建立健全的与基础教育学校"协同教研"、"双向互聘"、"岗位互换"的共同发展机制,加强与基础教育教学领域的深度合作,鼓励高校教师积极参与,获得丰富教育研究成果,提升教师教育教学研究能力和协同育人的综合素质。

产出导向的认证体系关注全体学生的发展与成长,不仅关注学生的专业知识和能力素养,还应关注学生思想、心理健康、职业生涯规划等方面。学校应秉持"以学生发展为中心"的理念,在招生、就业、学生指导与服务等各项工作中全力服务学生发展。比如:通过优化招生选拔机制、深化大类招生等途径,持续提高生源质量;实施转专业制度,二次选拔优秀非师范生进入师范专业学习;为非师范生提供"教师教育课程"和"实践教学课程"群,让有志于从教的非师范生也具备从教应有的教育教学知识和教育教学实践能力;通过精心组织新生入学教育、开展多层次多角度的学业指导活动、实施多方参与的导师制度,构建全方位的指导与服务体系;开展立体化生涯辅导、就业指导与帮扶,构建预防性与发展性相结合的心理健康教育体系;实施学业预警制度,开展针对性的学业帮扶行动;搭建学生自我评价系统,加强学生的自我监测和自我评价;加强思政理论课教师、辅导员以及导师队伍建设,应用信息化手段提升学生服务效率,提升学生服务保障;对已毕业的学生建立跟踪和服务制度,跟踪是为了反馈专业建设问题,提出改进措施,服务是为了促进教师教育人才队伍的发展,了解毕业生发展需求,有针对性地为毕业生提供终身学习的机会和平台。

6. 提供优质充足的教学资源

师范类专业认证标准中"支持条件"包括经费保障、设施保障、资源保障三个二级指标。经费是保障专业运行和可持续发展的基本条件,学校应投入充足的经费以保障师范生培养的各个环节顺利实施,并保证经费不断增长,要实施教学运行经费管理、规范使用和绩效评价制度。学校通过设立专项经费,重点补齐自评自建过程中发现的共性短板,也可尝试在基本经费的基础上,采取激励措施,例如通过绩效考核的方式,将更多经费投入到办学效果好的师范类专业。

设施保障方面,图书馆、教师教育实验教学中心、学科教学实验室等部门为师范生提供能力培养的硬件设施,学校应建立并完善设施维护、使用、更新的管理制度,并最大程度向学生开放使用,例如华东师范大学教师教育实验教学中心成立"未来教师团",团员皆是经过严格选拔的优秀师范生,学生以社团的形式开展队伍的建设和运行,以助理的身份参与中心的日常管理,确保中心每周 7 天、每天 12小时开放。

资源保障方面,学校应提供充足的资源来支撑教学环节,师范类专业认证标准对资源的形式和数量做出了规定,例如"建有教材资源库和优秀教育教学案例库"。另外,学校和专业应共同规划,建设或购买教学资源(包括数字化教学资源)或线上课程,例如收集优秀校友的教学视频、教学设计案例、班主任管理案例,鼓励学生主动学习、主动成长。

7. 建立教师教育质量保障机制

学校建立基于产出的持续改进质量保障机制和质量文化。优化教学质量保障体系结构,从学校、院系两个层面开展质量保障工作,落实责任人,形成"标准——执行——认证——反馈——改进——认证"的循环体系。构建由专家组织和行政组织组成的教学质量组织系统,专家组织作为决策机构,对教师教育工作中的重大问题进行研究、咨询、指导和决策,行政组织作为执行机构,主要负责计划、组织和调控。加强教学质量管理队伍建设,管理队伍包括校院两级教学委员会、教学管理队伍、教学督导以及学生助理等。定期修订、完善教学管理规章制度,为教师教育质量保障提供政策和法定依据。强化教学质量标准研制,在培养目标、毕业要求、课程体系、毕业论文等环节明确具体标准、实施细则以及评价机制。实行全员参与、全过程覆盖的常态化教学过程监测。

建立学校层面的与用人单位的常态联络机制,定期开展毕业生与用人单位满意度调查,加强毕业生和用人单位对培养过程的评价反馈,充分吸收毕业生和用人单位的意见和建议。

学校应积极使用评价结果,落实持续反馈改进机制。评价的目的是为了改进,校内质量监控体系和校外评价的结果都要反馈到具体的教学环节中,形成"评价——反馈——改进"闭环。

8. 师范类专业认证工作实施方案

为做好师范类专业认证工作,确保认证工作有序推进,学校在申请认证前应对照认证标准自评自建。自评自建的第一步是根据《实施办法(暂行)》相关要求,结合学校实际,制定具有操作性的实施方案,方案应包含组织保障、经费支持、工作计划、工作要求等基本内容。

成立组织机构。成立学校、院系两级师范类专业认证工作小组,明确学校、院系的职责和任务。人才培养所有环节涉及到的部门都是被认证的对象,都应参与到认证工作中,对照标准开展自评自建。学校要成立专项经费,保障认证工作顺利进行。

制定工作计划。学校根据各地发布的认证实施办法的要求,统筹规划,设定认证长期目标和短期目标,有计划地逐批组织师范类专业参加认证。

开展动员培训。师生的支持是师范类专业认证工作得以顺利实施的土壤,学校应营造认证文化,提高师生认证意识,邀请认证专家开展普及宣讲培训、专业自评工作培训、进校考察前点对点辅导等各类培训,为一线教师、教学管理人员提供针对性辅导,达成一致的认证理念,并渗透到人才培养工作的具体举措中,保证认证工作有质量有成效。

准备认证材料。学校工作小组协调各职能部门和专业,明确职责,分解任务,按照认证要求,整理认证材料和数据。院系工作小组整合基本素材,按照《高等教育质量监测国家数据平台数据填报指南》的要求填报专业教学状态数据,生成《专业教学状态数据分析报告》;严格对标,按照《师范类专业专业认证自评报告撰写指导书》的说明和要求撰写《自评报告》,整理佐证材料及认证要求提供的其他档案资料。

(二) 专业层面:基于产出导向的培养方案改革

为了培养优秀教师,在师范生入校前就会为他们制定一份较为完善的培养方案,而培养方案中的培养目标往往比较理想。培养目标的理想化主要表现在两个方面,一是容易把培养目标设定得相对高一些,一是基于逻辑的推理设置培养目标。于是,从逻辑推理到实践检验,这就需要一个相对完善的培养质量反馈机制与调整机制。反馈与调整机制要内化于培养方案之中,否则对培养过程的调整就变成了对培养方案的违背,使得师范生的培养过程容易陷入僵化的境地。因为这些不理想的培养情况往往是培养方案中没有考虑到的,但却是师范生走上从教岗位后所必须具有的技能或者能力,因此培养方案的制定在整个环节中尤其重要。①在教育部发布的师范类专业认证标准里的八个一级指标中,有四个与培养方案相关:"培养目标"、"毕业要求"、"课程与教学"、"合作与实践"。其中"培养目标"是认证的灵魂,起到引领作用,立足于学生毕业五年左右能达到什么样的水平。"毕业要求"是核心,是对培养目标的具体落实和支撑,是指学生毕业时应该具备的能力和素养,是专业向学生做出的学习发展承诺,起到承上启下的作用。"课程与教学"、"合作与实践"是对毕业要求的具体落实和支撑,整个课程体系能够支撑全部毕业要求,每个教学环节能够实现其在课程体系中的作用。因此,"培养目标"、

---

① 戴立益.师范生培养:内容、过程与保障[J].教师教育研究,2011,23(05):1-5.

"毕业要求"回答了"培养什么样的人"这个问题。"课程与教学"、"合作与实践"则回答了"如何培养人"这个问题。

1. 培养目标

(1) 培养目标的主要内容

师范类专业人才培养目标是对学校人才培养总目标的细化。培养目标由目标定位和目标预期构成。目标定位要清楚说明专业领域、职业特征、人才定位、基本素质等内容。目标预期是对培养目标定位的具体解读,是毕业生毕业 5 年左右能够达到的职业成就的总体描述,由凝练的毕业生职业能力的描述和毕业生职业成就的预期组成,目标预期建议 3—5 个为宜,目标预期是专业制定毕业要求的依据。培养目标定位与目标预期不可冲突。符合师范类专业认证要求的培养目标应该满足以下三个基本条件。

面向需求。培养目标的制定需要综合考虑国家的需要、基础教育改革的需要、学校的定位、专业的定位、用人单位的需求、毕业生的需求等因素,这些都是师范类专业认证的利益相关者。国家对教师的需求受国家政策、经济发展等因素影响,学校和专业定位则主要取决于办学条件和发展规划,行业和用人单位对人才需求的侧重点因时而变,学生和家长则希望有更高的培养目标、更多样化的培养模式。各利益方总体目标一致:即人才培养质量的提高,但也存在一定程度的冲突,需要进行需求分析,找到各方利益的平衡点,培养目标则是所有利益相关者利益诉求的最大化。

特色明显。专业在制定培养目标的时候要充分思考专业特色,专业特色决定人才培养的特色,决定未来教师的核心能力,毕业生只有具备独一无二的技能或者能力,才能受到行业青睐,才能在教师职后发展中体现出优势与后劲。专业要努力找出"人无我有,人有我优"的专业特色,通过调研国内外相近专业的人才培养现状,开展教育大讨论,结合学校和专业办学传统、定位和优势,明晰并凝练人才培养特色。例如,综合性大学可以依托完善的通识教育体系,培养具有宽广文理基础的优秀教师;设立教育研究机构的专业,利用研究人员、研究项目的优势,使学生获得较强的教育研究能力;国际化办学成果突出的学校,学生的国际视野在应聘国际学校或者双语教师岗位时则是有力的竞争优势。

可测可评。培养目标的表述必须是明确的、可评价的。有明确的培养目标,才能形成明确的毕业要求,才能构建与之匹配的课程教学体系,有针对性地开展教学活动。培养目标的修订是教学管理的重要内容,修订的依据是培养目标与培养效果的达成度,这也是认证考察的五个重点之一,通过考察毕业5年以上的学生是否达到专业所制定的培养目标,同时通过对毕业生及用人单位的满意度调查,综合评判专业培养目标的合理性以及达成情况。因此培养目标必须是可测可评的。

以H大学汉语言文学专业师范生培养目标定位的修订过程为例,培养目标定位的修订过程中共有三个版本,第一个版本职业特征描述不全面。第二版和第三版弥补了这一缺陷,并强调了专业特色和优势。第三版与第二版相比,对职业能力的描述逻辑性更强。具体如下:

H大学汉语言文学专业师范生培养目标定位第一版:培养贯彻党的教育方针,以立德树人为己任,践行社会主义核心价值观,具有从教意愿,具有积极的情感、端正的态度、正确价值观,扎实掌握学科知识体系、思想与方法,具有优秀的教学能力和信息技术应用能力,具备德育为先的理念,具有全程育人、立体育人意识,具有终身学习与专业发展意识,具有全球意识和开放心态,德智体美全面发展的学者型中学语文教师。

H大学汉语言文学专业师范生培养目标定位第二版:本专业依托H大学中国语言文学学科位居国内一流学科前列的优势,以青少年发展与教育领域为服务面向,以立德树人为根本任务,培养适应新时代基础教育高质量要求,具有高尚的道德品质、全面的语言文学素养、突出的教育教学能力和宽广的国际视野,富有人文情怀、反思精神并能体现于语文教育教学过程,具有较强的研究能力和自我发展能力,能够胜任教学、研究与管理工作的卓越中学语文教师。

H大学汉语言文学专业师范生培养目标定位第三版:本专业依托H大学中国语言文学学科位居国内一流学科前列的优势,适应新时代公费师范生教育高质量发展的要求,培养明于师德,具有高尚的人文情怀和出众的师范气质,精于教学,具备全面的语言文学专业素养、出色的知识整合能力和对反思与创新的引导能力,敏于发展,具备较强的研究能力、宽广的国际视野和终身学习的自觉意识,能够成为所在单位教学与管理骨干的学者型卓越中学语文教师。

(2) 培养目标的制定、达成性评价与反馈改进机制

各专业需构建培养目标的制定、达成性评价及反馈改进机制。

培养目标的制定需落实责任机构、责任人以及参与机构,例如教务处等。采用内部评价和外部评价相结合的方式,从国家相关政策规定、基础教育改革趋势、学校发展对人才培养定位的要求、专业办学资源对专业教育的支撑、用人单位对人才发展的需求、校友主流职业发展对学校教育的需求等方面形成制定依据,并明确调研方式、周期、使用的工具和覆盖面。问卷内容具有前瞻性和预测性。

培养目标达成性评价是评价的核心,要落实责任机构、责任人以及参与机构,例如负责招生和就业的相关机构等。采用外部评价方法,对用人单位、校友、毕业生等进行调研,吸纳第三方评估机构的评价结果。专业需综合对比各方调研结果,保证调研结果的可信度,完成培养目标达成性评价报告。评价结果是培养目标修订的重要依据。

反馈改进是评价的目的,是优化培养目标的最后一个环节,同样要落实责任机构和责任人。责任机构和责任人深入分析思考评价背后的原因,追溯源头,提出反馈改进方案。采用内部评价和外部评价相结合的方式，对每一项改进建议进行合理性评价和可行性评价，制定具体的改进实施办法、支撑条件和实施进度。培养目标的反馈改进要落实到毕业要求中，形成闭环。

2. 毕业要求

毕业要求既是对培养目标的具体落实和支撑，又是专业建构知识结构、形成课程体系和开展教学活动的评价依据，也是师资队伍建设、教学条件建设和教学质量标准制定的基础。毕业要求能够保证专业培养出来的人才具有必然性，而非偶然性，应通过宣讲和解读等方式使师生知晓并达成相对一致的理解。

（1）毕业要求的主要内容

专业制定毕业要求时需要思考刚走上工作岗位的教师最需要哪些专业能力和综合素质。为了能站稳讲台，他们需要教学技能和班级管理的技巧，可是不是师范教育就只提供这些呢？为了教师一生的职业发展能够顺利，师范生肯定需要坚实的专业知识和宽泛的教育知识，可是不是有了这些知识他们就会幸福呢？此外，师范生从本科毕业之后，他的教育并没有结束，他还可能去攻读教育硕士，还可能接受各种各样的培训，这就更需要我们考虑短短的三年或四年的师范教育如何去夯实学生的核心素养，而不必将所有教师职业所需的技能都置于三年或四年的师范教育之中。[①]

毕业要求是专业对学生作出的最低承诺，是所有学生毕业时都应该达到的能力。教育部颁布的师范类专业认证标准对毕业要求的概括是"一践行三学会"。特别强调，不能将毕业要求和培养目标预期混为一谈。

符合师范类专业认证要求的毕业要求及其指标点应该同时满足以下五个基本条件。

---

① 戴立益.师范生培养：内容、过程与保障[J].教师教育研究,2011,23(05)：1-5.

支撑目标。毕业要求的制定依据是培养目标，因此，毕业要求需有力支撑培养目标的达成。培养目标体现了学生的核心能力，不同师范专业的核心能力不同，相同师范专业的人才培养特色也各不相同，这些都要在毕业要求里有所体现。同时，专业需保证学生通过本（专）科阶段的学习确实能够获得毕业要求指标点所描述的能力，不可空谈，也不能夸大。由于毕业要求支撑培养目标，因此培养目标蕴含的专业特色也应在毕业要求要求中有所体现（表 6-1）。

表 6-1 毕业要求对培养目标的对应支撑情况样式案例

培养目标	毕业要求
培养目标 1	1、2
培养目标 2	3、4、5
……	……

覆盖国标。认证标准对专业制定的毕业要求的一级指标的数量没有规定，但一定要将标准中规定的毕业要求"一践行三学会"的指标内容全覆盖，毕业要求描述的学生能力必须在标准要求的能力之上。同时，毕业要求需覆盖国家标准，例如《教师专业标准（试行）》《教师教育课程标准（试行）》《普通高中学科课程标准》等。制定毕业要求时要做好师德养成体系、教学能力培养体系、育人体系和专业发展体系四大体系的建设。

分解细化。为了让毕业要求的达成性评价更具针对性，更加便利，每一项毕业要求需分解成多个具有内在逻辑关系、能够落实的毕业要求指标点。分解后的毕业要求指标点应引导教师有目的地教学，教师能从指标点中确定本课程应该承担的育人内容，能够引导学生有目的地学习；学生能从指标点中了解应该具备的核心素养。建议每项毕业要求的指标点一般不要超过四个，分解后的指标点能完整说明毕业要求所涵盖的知识与能力（表 6-2）。

表6-2　毕业要求指标点分解案例

毕　业　要　求	毕业要求指标点
毕业要求4【教学能力】 掌握科学的教育理论、技能和方法,具备较强的教育教学实践能力,具备课堂教学和教学研究的能力;掌握中学生学习特点,能够以学习者为中心,创设基于化学问题的学习环境,并科学进行学习评价。	指标4-1:具备学习环境创设、学习过程指导、学习成果评价的能力。 指标4-2:掌握先进化学教育理念并进行教育实践,具备分析解决化学教学实践问题的能力。 指标4-3:能够对教学过程中发现的重要问题开展研究,并在把握相关研究动态的基础上撰写研究论文。

可测可评。毕业要求描述了师范生在毕业时知识能力、素质发展应该达到的最低要求,毕业要求说明的各项能力可通过学生的学习成果和表现判定其是否达成,因此毕业要求必须用客观的、可评价的能力来描述。毕业要求各指标点在撰写时需以能力为引导,或者说以"动词"为引导。

体现特色。各专业制定的毕业要求应体现专业特色,刻画出专业的特色"脸谱",各专业人才培养定位不同,培养目标描述的毕业生能力特质会有差异,毕业要求应充分体现对这种差异性的支撑。比如骨干教师、卓越教师、教育家型教师定位不同,对学生能力的要求也有差别,毕业要求应反映出这些差别体现在哪些能力特质上,是教学能力、育人能力还是发展能力。

(2) 毕业要求的制定、达成性评价与反馈改进机制

各专业需构建毕业要求的制定、达成性评价及反馈改进机制。

毕业要求的制定需落实责任机构、责任人以及参与机构,例如教务处等。从认证标准、本专业培养目标、办学条件、用人单位需求、毕业生反馈等方面形成制定依据。

毕业要求达成性评价是跟踪某届学生的学习轨迹,对毕业要求的达成情况进行评价。同样要落实责任机构、责任人以及参与机构,例如负责招生和就业的相关机构等。毕业要求达成性评价采用内部评价方法，通常可以采用直接评价法和间接评价法。

直接评价法即将相关课程目标达成度作为证据来体现（见表6-3）。首先，根据课程与毕业要求的契合度，将毕业要求各指标点的支撑课程作为评价课程，并对评价课程进行权重赋值，权重总和为1。其次，根据学生成绩或学生表现测算某课程相关课程目标的达成度，再乘以相应的权重值，可计算得出某课程对毕业要求指标点的评价值。支撑该指标点的所有评价课程的评价值之和，即是该毕业要求指标点的达成度。一般来说，选择各毕业要求指标点达成度的最小值做为该毕业要求的达成度。例如，某一毕业要求的指标点达成度分别是0.71、0.79、0.83，则该毕业要求的达成度为0.71。专业需规定，"达成毕业要求"的具体数值，用于判断最终是否达成毕业要求的结论，不同指标点可以规定不同的数值。责任人在使用该方法时需谨慎思考如何选择评价课程才能有效支撑毕业要求指标点，各支撑课程的权重如何分配才是合理的。

表6-3 毕业要求指标点达成度评价案例

毕业要求	指标点	支撑课程	权重	相关课程目标达成度	指标点达成度
3	3-1	古代汉语（一）	0.3	0.86	0.81
		中国文学史（一）	0.3	0.73	
		语言学概论	0.25	0.86	
		语文学科教育论	0.15	0.80	

间接评价法是面向毕业生开展针对全部或者部分毕业要求达成情况的调研，问卷应该以客观题为主，易于判断毕业生是否达到毕业要求，调研对象需覆盖所有成绩等第、毕业生就业行业、就业学校的类别。直接评价法是基于课程数据的客观评价方法，间接评价法是基于毕业生反馈的主观评价方法。

毕业要求指标点的反馈改进要落实责任机构和责任人。责任人需分析每项毕业要求指标点的达成情况，找出短板，分析不同评价方法产生的评价结果的异同之处，思考背后的原因，追溯源头。对每一项改进方案进行合理性评价和可行性评价，制定具体的实施办法、支撑条件和实施进度。毕业要求的反馈改进要将课程体系与毕业要求的关联矩阵落实到课程与教学、合作与实践中，并通过师资队伍、支持条件、学生发展等方面予以落实和保障。

3. 课程与教学

课程体系是专业认证的关键，是实现毕业要求的保障，是毕业要求的落实与支撑。毕业要求应在学生培养全过程中分解落实，师范类专业认证要求所有的教学活动都要以学生发展为中心，而不是简单地按学科内容和教学周进行安排。

成果导向教育理念遵循的是反向设计原则，其"反向"是相对于传统教育的"正向"而言的。反向设计是从需求开始，由需求决定培养目标，由培养目标决定毕业要求，再由毕业要求决定课程体系。[1] 正向施工是指按照既定培养方案实施教学，培养学生。专业应按照"反向设计，正向施工"的基本思路，以培养目标和毕业要求为导向，建设逻辑合理、产出导向的课程体系，包括明确课程体系与毕业要求的关联矩阵，采用匹配的教学内容和教学方法，配置足够的软硬件资源，建立富有成效的质量保障体系等。师范类专业认证标准的一级指标"课程与教学"有五项说明：课程设置、课程结构、课程内容、课程实施、课程评价。毕业要求的落实跟这五项息息相关。课程设置、课程结构主要由专业设计，课程内容、课程实施以及课程评价由授课教师在明确课程体系与毕业要求的关联矩阵后进行二次设计。

(1) 课程体系与毕业要求关联矩阵

设计课程体系与毕业要求关联矩阵之前，专业首先应根据学校人才培养的总

---

[1] 李志义. 成果导向的教学设计[J]. 中国大学教学，2015(03)：32 - 39.

体要求、本专业学生在学期间必须修满的总学分,确定通识教育课、专业基础课、专业选修课、实践教学等教学环节的学分要求,需保证各类课程要对标师范类专业认证第一级标准中相应课程类别的学分要求。专业应在培养方案中简述准予学生毕业以及授予相应学位的学分要求。其次,专业需画出课程体系拓扑图,显示课程之间的逻辑关系。

通过建立课程体系与毕业要求关联矩阵,保障毕业要求的完成。关联矩阵是育人的"施工图",要惠及所有学生,"施工图"若有偏差,学生毕业时就无法达到毕业要求的知识、能力与技能。因此设计科学合理的课程体系与毕业要求的关联矩阵是最难的部分,专业要思考:每一门课程、每一个实践环节、每一次技能训练、每一次第二课堂活动等所有占用学生时间的教学环节支撑了哪几条毕业要求指标点的达成? 每一个教学环节的贡献度是高、中还是低?

表6-4 课程体系与毕业要求关联矩阵样式案例

教学环节	毕业要求1	毕业要求2	毕业要求3	……
课程-1	H	L	M	……
课程-2	……	H	……	……
实习-1	……	M	……	H
……	……	……	……	……

注:H代表教学环节对毕业要求高支撑,M代表教学环节对毕业要求中支撑,L代表教学环节对毕业要求低支撑。[①]

符合师范类专业认证要求的课程体系与毕业要求关联矩阵应该同时满足以下三个基本条件。

关联矩阵需涵盖所有必修教学环节。关联矩阵是培养学生的"施工图",不在

---

① 教育部高等教育教学评估中心. 普通高等学校师范类专业认证自评报告撰写指导书(试行)[Z]. 2018:6.

施工图中的教学环节则对毕业要求的达成毫无贡献，以及对毕业要求仅有弱支撑的教学环节，基于"产出导向"的理念，该教学环节必须取消。因此，现有必修教学环节（课程、实践）必须全部在矩阵中呈现，并且对支撑关系进行合理解释。

关联矩阵需明确每个教学环节的贡献度。贡献度的高低实际上是教学环节所占的权重。首先，贡献度高的教学环节，例如专业核心课程，应该重点建设，保证足够的学时数，投入较多的办学资源，体现其重要性。其次，计算毕业要求指标点达成度时，对各毕业要求指标点有贡献的课程的目标达成度都是源数据，都要纳入计算，并且贡献度高低决定课程所占权重的高低。最后，为了保证课程具有相对科学合理的教学量，建议每门课程支撑不超过 4 个毕业要求指标点。

课程体系中各教学环节需有机融合。关联矩阵中的教学环节要统一设计，保证整体布局的合理性、课程内容的顺序性和连续性，避免教学内容重复和空白。同阶段的课程相辅相成；通识课程与专业课程有机融合；理论课程与实践教学互动，让学生学以致用，例如每个学期安排教育见习，见习内容与当前学期教师教育课程内容相关。合理安排第二课堂活动，与第一课堂合力育人。

需要强调的是，教师对关联矩阵的认识需统一。教师是课程实施的主导者，关联矩阵的设计离不开教师，因此设计关联矩阵时要广泛征求教师意见，确保支撑的毕业要求指标点和课程内容相匹配，并向教师宣讲关联矩阵的内涵、目的、结构以及对课程的要求等事项，教师能从矩阵中明确课程目标，从而思考教什么、如何教、如何落实课程评价等具体内容。

（2）课程体系的制定、合理性评价和反馈改进机制

各专业需构建课程体系的制定、合理性评价及反馈改进机制。

课程体系的制定需落实责任机构、责任人以及参与机构，例如教务处、教师教育学院等。采用内部评价和外部评价相结合的方式，从教育部发布的教师专业标准等国家标准、专业毕业要求、用人单位需求、师生反馈等方面形成制定依据,并明确调研方式、周期、使用的工具和覆盖面。

课程体系合理性评价应落实责任机构、责任人和参与机构。合理性评价的主要依据是课程体系与国家标准对标程度、课堂教学质量评价、用人单位和师生意见,并明确调研方式、周期、使用的工具和覆盖面。专业根据评价结果找出教学环节中制约教学质量提升的短板。

反馈改进课程体系是为了完善对毕业要求指标点的支撑,需落实责任机构、责任人和参与机构。课程体系的反馈改进方案要落实到课堂教学、教学实践、第二课堂等具体内容中,培养目标和毕业要求也随之更改。

(三)教师层面:以学为中心的课程教学改革

师范类专业认证通过培养目标、毕业要求、课程体系三者之间的传递支撑关系,完成了从顶层建设到实施方案的"反向设计",毕业要求得以实现的重要保障是相关支撑课程的课程目标较好地达成,毕业要求的落实需要全体育人环节中相关者的参与,尤其是教师。教师要认真学习、充分理解认证理念与认证标准,明确毕业要求及其与课程对应矩阵关系,明确自身所授课程在整个课程体系中的定位,充分认识到本课程对毕业要求所述能力的高、中、低(或强、中、弱)的不同支撑作用,通过与毕业要求能力相呼应的课程目标设定、有效的教学设计、合理的教学内容组织、及时的教学评价反馈,完成课程对毕业要求的有效支撑。

课程与教学作为"正向施工"的重要工具,应实现对毕业要求的支撑,完成基于产出的课程教学改革,课程教学改革的重要内容是课程大纲的重新修订和优化。课程大纲是专业证明课程体系支撑毕业要求的重要证据,是教师清楚表述课程的文本,是学生全面了解课程的途径,除了传统的要素,如课程名称、课程性质、学时学分、教学进度、课程负责人、教学方法、教材与推荐书目、课程网址外,教师还要清楚地说明课程目标与毕业要求指标点的对应关系、教学内容与课程目标的对应关系、课程目标与考评方式的对应关系、采取的教学方法与手段、评分标准等内容。

1. 修订课程目标　对接毕业要求

为了避免教学过程的盲目和随意,准确对接毕业要求包含的相关能力素养,承担所授课程在课程体系中的责任和义务,教师应制定符合专业定位、满足毕业要求支撑需求的课程目标。传统课程目标通常过于概括,不同课程的课程目标相似度较高,没有体现专业特色,学生无法通过课程目标自我判断是否达到了规定的学习成效。教师应按照师范类专业认证标准的要求、以专业最新"培养方案"中的培养目标及毕业要求作为指导原则重新修订课程目标。教师应研究课程体系与毕业要求指标点的关联矩阵,明确本课程在关联矩阵中支撑的毕业要求指标点及每个课程目标的贡献度。

第一,课程目标要以"学生为中心"。课程目标应从学生角度出发,体现学生的学习成果,而不是教的内容。课程目标表述上可以使用布鲁姆教育目标分类法,将课程目标分为六个层次,按照学生掌握的复杂程度依次为:记忆、理解、应用、分析、评价、创造,每个层次的目标均涵盖不同的认知能力。布鲁姆教育目标分类法能有效指导课程目标的撰写,使课程目标逻辑清晰,且可评价。

第二,课程目标要以"产出为导向"。教师设计课程时要围绕"产出导向"的理念,明确每一个课程目标与毕业要求指标点的对应关系,以便通过课程目标达成度计算毕业要求指标点达成情况。一般来说,一个课程目标只支撑一个毕业要求指标点,一个毕业要求指标点可以由多门课程的多个课程目标支撑。课程目标需有力支撑毕业要求指标点(表6-5)。

表 6-5　课程目标与毕业要求指标点的对应关系案例

毕业要求	毕业要求指标点	课程目标	权重
知识整合	指标点 3-1：扎实掌握汉语言文学的专业知识体系、思想与方法，充分理解把握"语言建构与运用"、"思维发展与提升"、"审美鉴赏与创造"、"文化传承与理解"等语文核心素养的具体内涵。	《古代汉语(一)》 课程目标 1：学生能够较为系统地掌握古代汉语文字学、词汇学、语法学的基本理论和知识，并能熟练运用这些理论和知识分析各种语言文字现象。	0.3
		《中国文学史(一)》 课程目标 1：掌握文学发展演变的基本脉络，对本时段文学的重要作家、代表性作品、文体、典籍、文学流派等文学事项有比较完整的认识，为将来从事科研和教学打下扎实的文学史基础。	0.3
		《语言学概论》 课程目标 1：通过课堂讲授了解语言的基本性质和功能作用，掌握语音、词汇、语法、文字等领域的基本概念、重要理论和分析方法。 课程目标 2：对教材和网络平台(大夏学堂)所提供的资料进行自主学习和网上讨论，掌握语言的演变与分化、语言的接触、语言系统的演变等方面的概念和理论。	0.25
		《语文学科教育论》 课程目标 1：知道"语文学科教育论"和中小学"语文"课程的性质、价值。	0.15

　　第三，课程目标要体现课程特色。课程特色能使课程目标更加明确，课程特色在课程目标中体现有利于将课程特色具象并且落实。在满足认证标准大的框架的前提下，课程特色赋予教师独立自主发展的空间，同样的教学内容采用不同的教学方法，可以达到不同的学习效果。例如在教师教育课程的教学中借鉴和运用案例教学法，对于克服教育理论与实践相互脱节的弊端，增强教育专业知识的

应用性和可操作性,提高教学反思能力具有重要意义。①

第四,明确教学内容与课程目标的支撑关系。课程目标落实的关键因素之一是教学内容,课程目标达成度评价的基础是课程目标与教学内容的对应关系。教师应依学情重组课程内容以支撑课程目标,并及时更新教学内容,将学科前沿研究成果融入教学内容,并研究每一章教学内容与课程目标的支撑关系,在课程大纲中予以呈现。

2. 实施教学改革　支撑课程目标

在"学生中心、产出导向、持续改进"基本理念的要求下,课程目标已经发生改变,课程实施应紧紧围绕课程目标的实现进行相应调整,教师应重组教学内容、改革教学方法、优化学业考评方法以有效实现课程目标。

围绕课程目标的实现重组教学内容,教师需及时更新、丰富和优化课程内容,形成课程内容动态调整机制。例如将社会主义核心价值观、师德教育等内容引进到教学中;教学内容对接当前高中新课标、新课改、高考改革,真正起到研究、引领和推动基础教育改革发展的示范作用;将学科前沿知识加入到课堂教学中。

教师的角色从"知识的传授者"转变为"学生学习的引导者",如何引起学生的主体性活动,提升学生自主学习能力,这对教师的教学能力是个极大挑战。目前教育界对教学方法改革的理论研究和实验研究非常丰富,例如案例教学法、PBL教学法、探究式学习、研讨课等,教师应接受专业的培训,学习并应用这些教学方法以提高学生学习效果。

教育部发布的每一类别、每一个级别的师范类专业认证标准,在师资队伍的"素质能力"指标中,均明确提出教师应具有信息技术应用能力。此外,师范类专业认证中小学第三级标准与中小学第二级标准相比,在"学会教学"中新增了"技

---

① 周坤亮. 教师教育中的案例教学法[J]. 教育理论与实践,2011,31(14):34-36.

术融合"三级指标,强调卓越教师需具备应用信息技术优化课堂教学的方法技能,该方法技能可以通过开设专门的课程来培养,也可以通过在课堂中教师给学生做示范,潜移默化地习得。综上,信息技术应用于教学的重要性可见一斑。信息技术的高速发展让教与学方法更加多元化,其中近几年炙手可热的"翻转课堂"是线上线下混合教学的有效策略和方式之一,将传统课堂以教师"教"为中心转为以学生"学"为中心。当前已有很多国内外应用"翻转课堂"教学模式的典型案例,学者对"翻转课堂"理论研究成果丰富,提出了多种"翻转课堂"教学模型。例如,钟晓流等构建出太极环式的翻转课堂模型,包括教学准备阶段、记忆理解阶段、应用分析阶段、综合评价阶段;[①]美国富兰克林学院数学与计算科学专业的托尔伯特(Robert Talbert)教授提出了五步"翻转课堂"教学实施模型:观看视频(watch video lecture)、指导学生练习(guided practice)、快速且少量的测评(fast, light assessment)、解决促进知识内化的问题(assimilation-oriented problems)、总结和反馈(debrief/feedback);[②]张金磊等在托尔伯特教授的基础上提出了新的"翻转课堂"教学模式,包括课前设计模块和课堂活动设计模块,课前设计模块包括教学视频制作、课前针对性练习,课堂活动设计模块包括确定问题、独立探索、协作学习、成果交流、反馈评价。[③]需要强调的是,"翻转课堂"教学并不适合所有的课程,教师需根据课程所属学科、课程性质和课程内容谨慎思考是否应用以及如何应用"翻转课堂"教学模式。

3. 优化学业考评　反馈改进教学

课程考核可以证明毕业要求的达成,并通过评价结果的反馈,进行教学内容

① 钟晓流,宋述强,焦丽珍. 信息化环境中基于翻转课堂理念的教学设计研究[J]. 开放教育研究,2013,19(01):58-64.

② Talbert,R. (2011). Inverting the linear algebra classroom[EB/OL]. [2019-02-21]. https://prezi.com/dz0rbkpy6tam/inverting-the-linear-algebra-classroom/.

③ 张金磊,王颖,张宝辉. 翻转课堂教学模式研究[J]. 远程教育杂志,2012,30(04):46-51.

和教学方法的改进。传统的考核方式及评分方式注重结果轻过程,无法通过考核激发学生学习潜能,促进学生主动学习。当前,各高校出台的考试相关管理规定对考试的各个环节都提出了基本要求,划出了"红线",实现了考试规范化管理。同时,为了提高考试的有效性,高校通过设立教学改革与研究项目等方式大力推进考核方式改革,但由于办学条件、教师科研教学负担重、缺少必要的指导等原因,改革成效并不明显。在师范类专业认证标准的指导下,考试已经从考核"老师教得如何"变为考核"学生学得如何",考核不仅仅是为了给学生成绩,更是为了检验课程目标和毕业要求的达成度,找出持续改进的着力点,以促进教学质量提升。因此,每一次考核,都应针对课程目标进行设计和实施,涉及的考核内容均需对应课程目标。

(1) 考核方式

课程考核应针对课程目标进行设计,教师应选择恰当的学业考评的方法以保证考评能够覆盖全体学生,具有可操作性,考评结果有效。考核方式的选取应针对课程目标体现差异,例如课程首要目标是"应用"、"分析",而非"记忆",可以选择开卷考试,从而减轻学生背诵的压力。

多种评价方式相结合,确保评价结果的全面性。目前大部分高校都允许教师计算学生最终成绩时赋予平时成绩较高的比例,教师可通过多次考核综合形成平时成绩,这为多元评价方式的实施提供了可能。例如,形成性评价与总结性评价相结合,形成性评价主要是为了发现问题,及时改进教学,对学困生提供帮扶,多用于小组合作、展示、实验等;总结性评价着重了解学生整体课程目标达成情况,一般应用于测验,例如期末考试。定量评价和定性评价相结合,定量评价用于考核明确的知识和技能,定性评价多用于评价创造力、团队协作、批判性思维等综合素质。

引入学生互评作为成绩构成的一部分。学生互评可以促进学生间的交流与合作,是学生走上教师岗位前的评价初体验。学生互评得以实施的前提是教师制定明确、有区分度的评分标准作为评分工具,教师向学生讲解评分标准,确保学生在理解并正确应用评分标准的前提下评分,评分标准的内容可以征求学生的意见。为了保证学生互评的合理性和可行性,教师可以组织"试评价"检验互评环节出现的问题,并加以改进。学生互评的结果呈现不仅仅是分数,如能引导学生写文字评价则更佳。为了提高学生互评的公平性,学生成绩取其他多名学生评分的平均分。学生互评后教师应提供申诉机会,学生可以向教师提出申诉,由教师重新评定。

试行教考分离。教考分离是指授课教师不参与课程期末考试流程,由第三方依据课程大纲编写试卷、阅卷、评分并分析课程目标达成度。教考分离有利于实现考核的公平、公正,考核结果更具说服力。实施教考分离能督促专业和教师制定符合要求的课程大纲,教师对课程大纲负责,围绕课程大纲组织教学内容,选择教学方法。同时,教考分离的实施可调动学生学习的积极性,彻底消灭平时不学习、考前划重点的情况。

尝试附加分。教师可设置一定分值的总评成绩附加分,鼓励学生学以致用,例如考取与课程目标相关的资格证书或参加与课程内容相关比赛并获奖。学生成绩关乎学生利益,需严谨对待,教师应制定附加分实施办法,并提交院系教学委员会审核通过后才能执行。

(2) 评分标准

考核的所有环节都是为证明毕业要求、课程目标的达成度服务,因此教师应理清考核内容、考核方式与课程目标的关联。无论采用何种考核方式、成绩呈现形式,教师都应制定客观的、具体的评分标准,描述每个成绩等级应该掌握的知识与能力,不同成绩等级描述的能力应该有明显的差异,易于判断每一个学生的成绩属于何种成绩等级。同时课程目标能够体现在评分标准中。评分标准的核心是确定"合格标准",这是课程目标达成的底线。科学合理的评分标准能降低评分时人为因素造成的不确定因素;另一方面,评分标准有利于学生了解自身掌握知识与能力的情况,促进自我反思与发展。

评分标准应经过反复验证。教师可以借助往届学生表现对评分标准进行检验,检验评分标准是否能体现差别,检验根据评分标准产生的学生成绩分布是否符合所在学校关于学生成绩管理的相关规定等(表6-6)。

表6-6　评分标准样式案例

课程目标	评分标准				
	90—100 (优)	80—89 (良)	70—79 (中)	60—69 (及格)	0—59 (不及格)
课程目标1	(描述该分值 应该掌握的 知识与能力)				
课程目标2					
……					

(3) 课程目标达成度评价方法

实施课程目标达成度评价是证明毕业要求达成情况的重要方式之一,是持续改进的质量保障体系的重要一环。课程目标达成情况能直接反映毕业要求达成情况。课程目标达成度评价是针对不同课程目标,紧扣课程大纲,依托评价标准,基于样本数据的比较分析,评价学生个体和整体的学习成果,并形成文字或图表形式的报告。依据报告提供的课程目标达成的整体及个体情况,寻找课程目标达成短板,就低达成目标提出改进措施,形成"评价——反馈——改进"的闭环,并针对未达成目标的学生进行精准帮扶。课程目标达成度一般用定量评价和定性评价两种方法进行评价。

a) 定量评价方法之成绩评价法

成绩评价法是根据与课程分目标相关的考核数据(包括期末考试、自选考试、

期中作业、期中测验等),计算样本的实际考核结果与目标期望值的比值,据此判断某项课程目标的达成度。具体步骤如下:

抽取样本:针对某课程,根据学生人数,抽取具有统计意义的样本数,要求样本中优、良、中、及格、不及格的比例基本均等。

计算实际平均分:将考核内容与课程分目标一一对应,计算样本在每次考核中各课程分目标涉及的考点的平均得分。

赋予权重:为与课程分目标相关联的所有考核方式设定权重,权重总和应为1。

某课程分目标达成度计算方法:某课程目标1与测验1、小论文A以及期末考核三种考核方式相关联,设定权重分别是0.5、0.3、0.2。测验1的总分为100分,其中支撑课程目标1的试题总分为30分,样本学生在相关试题上的平均得分为24分,则测验1对课程目标1达成度的贡献值为:(24/30)×0.5=0.40。小论文A的总分是100分,其中支撑课程目标1的总分50分,样本学生在相关考核内容上的平均得分是30分,则小论文A中课程目标1的达成度的贡献值为:(30/50)×0.3=0.18。期末考核的总分为100分,其中支撑课程目标1的试题总分为40分,样本学生在相关试题上的平均得分为32分,则对该课程目标1达成度的贡献值为:(32/40)×0.2=0.16。课程目标1达成度为三个数据之和,即0.40+0.18+0.16=0.74。使用类似方法可算出该课程所有的课程分目标达成度,总课程目标达成度取所有课程分目标达成度的最低值(表6-7)。

表6-7　课程目标达成度定量评价样式案例

课程目标	评价依据	评价环节	权重	目标分值	实际平均分	分目标达成度
课程目标1		考核方式1	a%			
		考核方式2	b%			
		考核方式N	n%			

（续表）

课程目标	评价依据	评价环节	权重	目标分值	实际平均分	分目标达成度
课程目标 2		考核方式 1	a%			
		考核方式 2	b%			
		考核方式 N	n%			
课程目标 N		考核方式 1	a%			
		考核方式 2	b%			
		考核方式 N	n%			
总课程目标达成度						

注：① 评价依据指通过考核什么内容实现课程目标。② 权重：对应评价环节在对应的课程目标中的权重，a%＋b%＋n%＝1。目标分值：对应考核环节的满分。实际平均分：参与评价的学生在该环节的平均得分。③ 分目标达成度：$\sum$（实际平均分/目标分值×权重）。④ 总课程目标达成评价值取课程分目标达成度的最小值。

b) 定量评价方法之等级评价法

等级评价法是根据课程分目标(包括课堂出勤、在线讨论参与度、自主探究能力评价等)的难度，确定某个课程分目标达成的期望值，计算样本实际评分等级大于和等于期望值的人数与样本总人数的比值，据此判断某课程分目标的达成度。例如，根据课堂考勤的表现给出 ABCD 四个等级，每个等级的标准不同，设定期望值是 B，达到 A 和 B 等级的人数和样本总人数之比即为该项表现的达成度，即：课堂考勤的达成度＝A 和 B 等级的人数和/样本总人数。

课程目标达成度定量评价的结果可以用图表形式呈现，例如课程分目标达成度用柱状图呈现，有助于寻找短板，发现问题；为每个课程分目标制作学生个体评价达成散点图，将每个学生的目标达成情况用点标注出来，可以清楚发现学困生，从而给予个性化的学业指导。

c) 定性评价方法

定性评价是指专家、师生等人员对学生平时的表现或对相关资料的观察和分析,直接对课程目标做出定性结论的判断,无需计算。定性评价同样依据评价标准执行,定性评价带有一定程度的主观性,科学合理的评分标准能有效降低主观性,保证评价结果的有效性(表6-8)。

表6-8　定性评价样式案例

课程目标	很　　好	较　　好	合　　格	不合格
课程目标1				
课程目标2				
……				

不同评价者,例如专家、教师和学生,采用相同的评价标准对课程目标达成度进行定性评价,对评价的结果进行差异比较、分析原因,有助于课程改进,提升质量。

(4) 课程目标达成度评价机制与流程

课程目标达成度评价是毕业要求评价的基础,通过课程目标达成情况的反馈,将其结果有效用于改进毕业要求。专业需建立课程目标达成度评价机制,落实责任机构、责任人以及参与机构,明确评价周期和评价对象。

课程目标达成度评价流程包括课程目标确定、考核审查、课程目标达成度评价、形成课程目标达成度评价报告、改进课程五个环节。在课程目标确定环节主要评价课程目标与毕业要求指标点的对应关系、课程目标预期表述是否可衡量等;在考核审查环节对课程目标达成度评价的所有内容进行预审核,包括考核内容、考核方式、试卷审核、评分标准等,重点关注考核内容和考核方式与课程目标的关联度;在课程目标达成度评价环节,选择合适的样本,采用定量评价与定性评价相结合的方式,对课程目标达成度进行评价,且应有专门的机构或责任人对评价结果进行复核;在形成课程目标达成度评价报告环节,用文字和图表的形式呈现评价结果，内容应包括课程基本情况、课程目标与毕业要求的对应关系、课程采用的考核方式、课程目标期末考试分布情况、课程目标达成度结果、课程总结与改进措施等模块；课程改进环节应对报告中提出的改进措施进行合理性和可行性分析，并制定实施方案。

后 记

本书是华东师范大学教师教育研究团队的集体研究成果。

本书主编华东师范大学副校长戴立益教授,近年来主持教育部卓越中学教师培养项目"德业双修的卓越中学教师开放式养成计划"、"上海市中学德育管理一体化研究实训基地"等省部级重大项目,相应的教师教育改革项目多次获得国家教学成果一、二等奖和上海市教学成果特等奖。各章撰稿人分别为:从"师范教育"到"教师教育",江苏大学陆道坤副教授;从免费师范生到公费师范生,华东师范大学孟宪承书院党委书记兼院长吴薇和党委副书记杨艳红;从院校评估到师范类专业认证,华东师范大学教务处副处长兼教学质量评估办公室主任王玉琼;教师资格与师范类专业认证,华东师范大学学校办公室黄欣老师;师范类专业认证的理论基础,华东师范大学教务处徐幻老师;师范类专业认证的实践探索,华东师范大学教务处陆蓉蓉老师。全书由戴立益、王玉琼统稿。

本书的完成得益于党中央和国家对建设高素质专业化创新型教师队伍的高度重视与无比期待,得益于上海市政府对打造与卓越城市相匹配的卓越教师队伍的迫切需求与精准施策,也得益于华东师范大学对培养教育家型未来教师的最大初心与不倦追求。可以说,我们在努力使得本书成为我国教师教育创新之路一个缩影和一种鲜活的记录,更期待是一次抛砖引玉的行动。我们非常期待与各位同行一道纵深推进师范类专业认证工作,一道求索寻找教师教育更好更快更强发展的突破口。未来可期,需要各位同仁加速再出发。

图书在版编目（CIP）数据

教师教育创新与师范专业认证/戴立益主编. —上海：华东师范大学出版社，2019
　ISBN 978 - 7 - 5675 - 9690 - 0

　Ⅰ.①教… Ⅱ.①戴… Ⅲ.①教师教育－研究 Ⅳ.① G65

　中国版本图书馆 CIP 数据核字(2019)第 242389 号

教师教育创新与师范专业认证

主　　编　戴立益
责任编辑　李恒平
特约审读　王洁松
责任校对　时东明
装帧设计　卢晓红

出版发行　华东师范大学出版社
社　　址　上海市中山北路 3663 号　邮编 200062
网　　址　www. ecnupress. com. cn
电　　话　021 - 60821666　行政传真 021 - 62572105
客服电话　021 - 62865537　门市(邮购)电话 021 - 62869887
地　　址　上海市中山北路 3663 号华东师范大学校内先锋路口
网　　店　http://hdsdcbs. tmall. com

印 刷 者　上海锦佳印刷有限公司
开　　本　787×1092　16 开
印　　张　11.25
字　　数　147 千字
版　　次　2020 年 2 月第 1 版
印　　次　2020 年 2 月第 1 次
书　　号　ISBN 978 - 7 - 5675 - 9690 - 0
定　　价　56.00 元

出 版 人　王 焰

(如发现本版图书有印订质量问题,请寄回本社客服中心调换或电话 021 - 62865537 联系)